심리학과 신학의 통합전망

심리학과 신학의 통합 전망

게리 콜린스 지음
이종일 옮김

솔로몬

Psychology & Theology

Prospects for Integration

Gary R. Collins

edited and with a contribution by
H. Newton Malony

ABINGDON / NASHVILLE 1981

Solomon Press
Seoul, Korea, 1992

역자서문

 본서는 목회상담학을 공부하는 신학생들이나 목회자들에게는 어쩌면 약간 생소한듯이 보이는 개념들을 다루고 있다. 신학과 심리학의 통합이란 무엇을 의미하는 것인가, 신학과 심리학이 통합되어야할 이유는 어디있으며 과연 그들의 통합은 가능한 것인가?

 우리가 잘 아는대로 개리 R. 콜린스는 신학과 심리학의 통합 필요성을 인식함과 동시에 그 가능성을 믿으며 추진하고 있는 인물이다. 그는 현대 심리학이 기독교의 기본적 가정들과 바로 상충되는 전제들을 가지고 있다고 하는 비판에 대해, 심리학이 기독교적인 전제위에 세워진다면 일반계시로서의 진리성을 인정받을 수 있는 학문임을 강하게 주장한다. 따라서 콜린스는 여러가지 장애요인들이 있음에도 불구하고 심리학에 대한 이해를 가지고 자연계시로서의 유익성을 인정하는 신학자와 성경학자들에 의하여 신학과 심리학의 통합이 추진되어야 한다고 역설하면서 구체적인 접근 사례들을 예시하고 있다.

본서는 5장으로 구성되어 있는데 1장부터 3장까지는 개리 R. 콜린스가 심리학과 신학을 통합시키려는 몇가지 시도들을 소개하고 실제적인 통합 가능 영역들을 고찰하고 있다. 그리고 4장과 5장에서는 H.뉴턴 맬러니가 전장까지 소개된 콜린스의 견해들에 대하여 "건설적인 비평"을 하고 있는데, 콜린스가 통합 문제에 있어서 궁극적 권위를 갖고 있는 성경의 중요성을 강조하면서도 간과하는 듯이 보이는 문화 인류학에 대한 중요성을 부각시키고 있다. 그리고 5장에서는 H. 뉴턴 맬러니의 비평에 대하여 개리 R. 콜린스가 응답하면서 다시한번 진리에 대한 궁극적 원천으로서의 성경의 중요성과 성경의 이해를 위한 성경해석학의 활용을 강조하고 있다.

다소 생소한 개념들을 다루고 있지만 목회상담학이나 상담심리학을 공부하는 분들이 한번쯤 다루어 보고 넘어가야 할 중요한 주제들을 언급하고 있다는점에서 독자들에게 많은 유익을 주리라고 믿는다.

바쁜 생활속에서도 원고 교정을 위해 수고해준 동생 종환에게 감사한다.

1992. 11.

역자

차 례

역자서문 · 5

서문 · 10

제 1 장/ 통합 : 그 접근법들 · 12

제 2 장/ 통합 : 적용(1) · 45

제 3 장/ 통합 : 적용(2) · 71

제 4 장/ 인접자들(adjoiners) · 100

제 5 장/ 통합 : 그 진전 · 146

참고문헌 · 166

각주 · 176

서 문

1978년 초, 개리 콜린스는 풀러신학교에서 개최된 심리학과 종교에 관한 9번째 핀치 심포지움(Finch Symposium)에서 연설을 했는데 그 연설들이 이 책의 주요부분을 구성하고 있다.

핀치 심포지움은 10년 전에 신학교 대학원의 심리학 교수들에 의해서 기독교 신앙과 사회/행동과학들 간의 대화를 촉진시키기 위하여 이루어졌다.

콜린스에 의하여 여기에 소개되고 있는 것들은 월터 휴스턴 클라크, 고오서치, 토마스 A.오덴, 올로 스트렁크 쥬니어, 오빌 월터즈, 데이비드 B.마이어즈 그리고 스탠리 R.호퍼에 의하여 이루어진 혁신적인 공헌들을 발전시켜가고 있는 전통의 한 부분이다. 소개되고 있는 내용들은, 심리학이 기초하고 있는 가정들과 일상생활에 심리학적인 원리들을 적용하는 일에 대한, 콜린스의 여러 해에 걸친 관심을 다룬다. 그의 기본적인 확신은, 기독교적인 전제 위에 세워진 심리학이 학문적으로 정당한 것이며 행동과학적으로도 의미 있다는 것이다.

콜린스의 사상에 대한 세 명의 교수요원들과 풀러신학교에서 박사 과정 중인 한 사람의 반응이 H.뉴턴 멜러니에 의하여 한 장(章)으로 모아졌다. 이 책에는 저자의 사상에 부가하여 세계선교학교의 학장인 아더 G.글래서, 설교교수 준회원(Associate Professor of Preaching)인 로버트 N.샤퍼, 그리고 임상심리학의 박사 과정 중에 있는 티머디 Z.웨버의 사상이 포함되어 있다.

이러한 연설들과 그에 대한 반응들을 책으로 내는 일이 오늘날 많은 사람들에게 유익을 주고, 하나님의 영광을 위하여 종교와 과학의 통합을 추진하려는 많은 시도들에 도움이 되기를 기대한다.

       H.Newton Malony
       Pasadena, California

제 1 장
통합 : 그 접근법들

개리 R. 콜린스

　수년 전 내가 일반 심리학 강좌를 듣고 있던 초년생이었을 때, 나에게는 매력적이었던 과제물이 주어졌다. 모든 학생들은 지방에 있는 정신병원에 일주일에 한번씩 방문하여 병동에서 한 시간 가량을 보내며 자신들이 알게된 것들을 보고서로 제출하라는 것이었다. 나에게 있어서 이러한 일은 심리학에 있어서의 심한 혼란과의 첫번째 만남이 되었다. 그리고 나는 부담감을 느끼면서도 깊이 감동되었다. 재미도 있었다.

　그러나 거기에서 나는 초년생 심리학도를 매우 당혹케하는 경험을 하게 되었다. 병원의 많은 환자들이 종교에 대하여 이야기를 했고, 그들은 하나님, 죄 그리고 용서에 대하여 관심을 가지고 있는 것처럼 보였다. 그들은 찬송가를 부르는 것을 좋아했고, 병동에 있는 피아노 위에는 내가 자란 교회에서 우리들이 사용했던 것과 같은 찬송가집이 있었다. 더우기 그 병원의 간부들 중의 어떤 이들은 종교에 대하여 무관심하고 심지어는 반종교적이라는 점을 발견하게 되었다. 초년생인 나의 눈에도 많은 경우에 있어서 환자들이, 내가 대학시절에 사용했던 교재 중 하나에서 프로이드가 수페이지에 걸쳐 언급했던 것과 똑같이, 신경증의 버팀목으로서 건전하지 못하게 종교를 이용하고 있는 것이 분명해 보였다.

나의 당황은 어느 날 내가 주일학교 교사에게 심리학을 공부하고 있다고 말했을 때 더욱 커지게 되었다. 나는 그분을 매우 존경하고 있었고 그분은 나의 생애에 있어서 좋은 영향을 크게 미치신 분이다. 그러나 심리학에 대한 그의 즉각적인 비난은 나에게 놀라움과 적지 않은 혼동을 안겨주었다.

심리학이 정말로 성경과는 상충되는 것인가? 교회의 가르침은 개인의 행동을 연구하는 학문과 상충되는 것인가? 나의 교우들 중 어떤 이들이 예견했던 것처럼, 대학에서 가르치는 "일반적인 심리학" 강좌는 우리의 믿음을 파괴하고 있는 것일까?

그 무렵에 나는 "통합"이라는 말을 결코 들어본 일이 없다. 우리는 심리학 강의에서 종교에 대하여 토론하지 않았고 심리학이 교회 쪽으로 접근해 가지도 않았다(주일학교 교사의 반응을 제외하고는). 나는 심리학과 종교에 관한 책을 샀는데, 그 내용이 너무 진부한 것이어서 두 페이지 읽고 말았다(그리고 아직도 다 못 읽고 있다). 그럼에도 불구하고 심리학과 기독교의 통합에 관한 나의 관심은 거의 25년 전의 신입생 강의실로부터 시작되었고, 그러한 관심은 대학과 대학원에 다니던 기간을 통하여 계속되었다(특별히 내가 프로이드의 책을 더 읽고 나의 크리스챤 급우들의 대부분이 심리학 교육을 받는 과정에 신앙을 저버리는 일들을 보고는 더욱 관심을 가지게 되었다). 또 그것은 내가 가르치는 것들과 내가 쓴 그들의 많은 부분을 차지하는 내용이다. 예수 그리스도의 제자이며 영감된 하나님의 말씀 안에 있는 신자로서, 그리고 심리학자로서 나는 심리학과 성경이 양립할 수 있는 것인지를 알고 싶다. 심리학과 기독교를 통합하는 것은 가능한 것인가, 또한 바람직한 것인가? 이런 것들이 이 책에서 살펴보게 될 주제들 가운데 있다.

통합의 가능성

심리학과 신학이 적어도 현재까지는 갈등의 역사를 가지고 있으며, 때때로 경쟁관계에 있다는 것은 잘 알려진 사실이다. 프로이드가 그 불화를 만들지 않았을지는 모르지만 논쟁거리가 되는, 종교에 관한 주제를 다룬 그의 저서들 중에 많은 것들이, 그러한 분열을 치유하는데 있어서 아무런 역할을 하지 않았다. 「토템과 터부(Totem and Taboo)」(1913) 그리고 「모세와 단일신론(Moses and Monotheism)」(1937)은 둘 다 종교의 기원을 다루고 있는데, 이것들은 구약성경의 많은 성경적인 설명들을 교묘하게 왜곡시키며 과학적이기 보다는 사변적이라고 비판을 받아왔다. 종교에 관한 그의 가장 기본적인 작품 「환상의 미래(The Future of an Illusion」(1927)에서 프로이드는 종교란 환상이며, "우주적인 신경강박증"으로서 과학에 의해서 이루어져야만 할 것을 대신 이루어 주는 소원성취라고 주장했다. 이 책이, 출판된 지 50년이 지난 지금까지도 여전히 논박과 더불어 환영을 받고 있는 것은 아마도 놀랄 일이 아닐 것이다.

　스위의 목회자인 오스카 피스터는 일련의 편지를 통해서 프로이드의 어떤 견해들에 대하여 도전했다. 융, 아들러, 그리고 다른 분석학자들이 이 토론에 참여했으며, 20세기 초반 동시에, 잘 알려진 미국인 심리학자들 중 어떤 이들은 종교적인 행동을 과학적으로 연구하는데 자신들의 기술을 사용했다. 그것은 종교가 심리학적인 연구의 주요 주제이었던 스타벅, 류바, 제임스, G.스탠리 홀의 시대로 역사를 되돌이키는 흥분할 만한 획기적인 사건이었음에 틀림없을 것이다. 그러나 이것은 많은 사람들에게 위협이 되었고, 아브라함과 이삭과 야곱의 하나님 그리고 (예수님과 바울의) 가르침을 해치는 새로운 심리학에 거의 관심을 갖지 않은 나의 주일학교 교사같은 신실한 신앙인에게도 특히 위협이 되었다.

　비록 윌리엄 켈러, 리차드 카봇, 러셀 딕스와 안톤 보이센과 같은 어떤 신학적인 자유주의자들은, 목사와 교회지도자들이 보다 더 효과적으로 병든자와 낙심한 자들과 도움을 필요로하는 사람들을 돌보는데 있어서 심리학이 중요함을 깨닫기 시작했지만, 행동주의의 도래 이후 종교에 관한 심리학적 연구 인기는 시들해졌다. 이러한 관심의 결과로 목회심리학이 태어났고 그것은 빠른 속도로 발전했다. 그러나 이러한 새로운 운동은 자유주의적인 교회들에 의하여 태어난 것이다. 그리고 보수적인 기독교인들 사이에서는 심리학에 대한 저항이 지속되었다.

　어떤 범주 안에서는 이러한 저항이 지금까지도 계속되고 있다. "신학 속에 무슨 심리학이 들어있는가?"(1975)라는 제목이 붙여진 논문에서 신학자 찰스 스미드는 심리학이 삶의 양식, 윤리, 혹은 종교에 대한 연구들을 다루려고 시도할 때 심리학이 "신학 속으로 침투"해오고 있다고 주장했다. 그는 기독교 심리학이 순수한 "말씀의 젖"을 묽게 만들고 있는 것은 아닌가고 의문을 품으면서, 아마도 복음적인 기독교는 장자권을 심리학의 팥죽 한 그릇에 팔아야 하는 위기에 처해있다고 말한 모우러의 진술을 인용하고 있다. 동일한 관심이 J.아담스(1970)와 일단의 다른 기독교 저술가들에 의하여 다시 제기되었다.

확실히 심리학에 대한 이러한 기독교적인 항변의 많은 부분에는 훌륭한 논리적 근거가 있다. 몇몇 저술가들(콜린스, 1977; 코스그로우브, 1979)은 현대심리학이 기독교의 기본적인 가정들과 바로 상충되는 전제들 위에 세워졌다고 주장했다. 그 결과로 많은 심리학자들은 성경 속에 제시된 것으로서의 진실한 하나님의 말씀과는 상충되는 심리학적인 결론에 도달하게 되고, 말씀과 상충되는 상담기법들을 발전시켜온 것이다. 심리학이 교회에 침투한 곳에서(적어도 최근까지), 인간과 자연주의 그리고 본질적으로 인간의 선함에 대한 신뢰가 오늘날의 심리학의 가정들과 더욱 일치된다고 믿는 신학적으로 진보적인 신학교를 통하여, 이러한 일들이 이루어져왔던 것 같다. 많은 복음주의적인 기독교인들이 심리학에 대한 저술을 외면하거나, 신학자 스미드(1975)가 했던 것처럼, 심리학자들이 권위 있게 말을 하는 분야에서는 실제로 그들은 심리학이 아니라 신학을 논의하고 있다고 주장하는 것은 놀랄만한 일이 아니다.

이러한 배경을 가지고 우리는 먼저, 심리학과 신학의 통합에 흥미를 가지고 있는 어떤 인물에 대하여 관심을 집중해야 한다는 첫

번째 주제를 다루어야 할 시점에 도달하게 되었다. 그러한 통합이 가능할 것인가? 나로서는 "그렇다"는 입장이며 강력히 추구하는 입장이지만 모든 사람들이 동의하는 것은 아니다. 어떤 이들은 두 가지 분야가 너무 달라서 공통되는 점이 없고 화해할 수 없다고 주장한다. 그 분야들은 기독교와 비기독교적인 체계들을 대표하는 것으로, 다르거나 때로는 서로 모순되는 가정들, 진리에 대한 견해들, 권위의 근거들, 개념들, 그리고 언어들을 가지고 있다. 심리학은 과학이며 신학은 철학적 종교적인 체계라고 주장될지도 모른다. 두 가지 분야는 약학과 음악이론처럼 같지 않다고 주장될 수도 있다.

그러나 심리학자들과 신학자들은 모두 인간의 행동과 가치관, 인간관계, 삶의 자세, 믿음, 병리학, 결혼, 가족, 도움 그리고 고독, 낙심, 슬픔과 염려 등과 같은 문제 영역들을 연구하는 사람들임을 우리는 기억해야 한다. 두 가지 학문은 비슷한 관심과 부분적으로 일치하는 목표를 가지고 있다. 한 분야의 연구가 다른 분야를 도외시하고 진행된다면 상호영역에 불이익을 끼치게 될 것이다.

부가하여, 만일 우리가 (내가 하는 것처럼) 하나님이 모든 진리의 근원이시라고 가정한다면, (성경학자들과 신학자들에 의해서 연구된) 성경에 계시된 진리와 (심리학자들이나 다른 학자들을 포함한 과학자들에 의하여 연구된) 계시로서의 진리는 본질에 있어서 갈등이나 모순이 없을 것이다. 오래된 명구를 사용하자면, 하나님의 말씀과 하나님의 세계는 모순되지 않는다는 것이다. 심지어는 우리가 신학과 심리학의 진리를 연구할 때조차도. 비록 이 두 가지 분야를 연관짓는 일이 어렵고 지적인 작업이 요구된다고 할지라도 통합은 가능한 것으로 보인다. 언젠가 나는, 심리학을 오늘의 기독교인들을 위하여 시도하는 몇 가지 새로운 지적인 영역 중의 하나로 표현하는 조직신학자와 점심을 함께 한 일이 있다. 그 친구는 "대부분의 복음주의적인 학자들, 그들의 작업들은 이전의 발견들을 다시 다듬고 새롭게 하는 일들을 포함한다. 그러나 기독교 심리학자들은 정글의 가장자리에서 벌채용 칼을 들고 서있는 사람들 같다. 거기는 잘라내어야 할 것들이 많고 길을 내어야 할 곳이 많으며 이루어져야 할 발견들이 많은 곳이다"라고 말했다. 심리학과 신학의 통합은 심리학자들과 기독교인들에게 가장 큰 도전 중의 하나다. 그것은 쉬운 일이 아니지만 가능하고 시되어야 할 일이라고 믿는다.

통합의 목적

만일 통합이 가능하다고 하면 혹자는, 무엇이 문제인가? 왜 심리학이나 신학과 같은 다양한 분야들을 함께 통합하려고 시간을 소비해야 하는가하고 물을지 모른다. 이 질문에 대해서는 적어도 네 가지의 답변이 있다.

첫째, 이 전체적인 주제를 무시하는 사람들이 있다는 점이다. 의심할 여지없이 대부분의 비기독교 심리학자들이 이러한 견해를 취하고 많은 기독교인들이 그러하리라고 나는 생각한다. 일요일에는 교회에 출석하면서 주 중에는 그들의 심리학적인 작업을 하지만, 어떻게 하면 그들의 신앙과 심리학적인 작업들을 함께 일치시킬 수 있는가하는 문제에 대해서 결코 애를 쓰지 않는 상담자들이 많이 있다.

두번째의 사람들은 노골적으로 통합을 반대한다. 몇년 전 캠브리지 대학의 기독교인인 심리학교수를 만난 일이 있다. 그의 연구에 관한 몇 가지 토론을 마친 후에 대화는 통합에 관한 나의 관심쪽으로 방향이 바뀌었다. "당신의 일에 대하여 두마디로 된 충고를 하겠소" 이렇게 말한 그 유식한 영국인은 "그일을 잊으시요"라고 했다.

세번째의 견해는 통합이 필요없다는 것이다. 제이 아담스(1970)는 심리학을 타당성도 없고 해로운 것으로 배척했으며, 심지어는 도움도 되지 못하고 소망도 없는 것으로 특징지었다. 심리학은 어떤 신학자들도 수용할 수 없는 분야다. 한 때 대학원의 심리학 프로그램에서 탈락되었던 인기 있는 신학교 지도자 빌 고다드, 많은 자조(self-help) 서적의 저자인 팀 라해이는 그들의 신학체계에 심리학을 통합시킬 필요가 없는 것으로 보는 사람들이다. 그러나 분명히 이러한 사람들과 심리학을 거부하는 많은 사람들이 그럼에도 불구하고 심리학적인 용어, 개념, 기법 등을 사용하고 있다. 그들이 그러한 통합의 필요성을 거부할지라도 본질적으로 그들은 심리학과 신학을 통합시키고 있는 것이다.

네번째 견해는 통합은 필요하며 매우 중요하다는 것이다. 심리학은 주로 인본주의적-자연주의적, 철학적, 그리고 신학적인 가치관, 가정들, 그리고 믿음들에 기초하고 있다. 최대한 객관적이고 효과적이기 위해서는 심리학자들은 이러한 기초를 인식해야 하며, 내가 다른 곳에서 쓴 것처럼(콜린스, 1977) 성경에 근거를 둔 철학적-신학적 기초 위에 심리학 연구를 재건해야 한다는 점을 고려해야 할 것이다. 대조적으로 신학은 성경주석에 기초해야 한다고 주장하고 있지만 주석은 통찰력, 개인적인 경험, 그리고 문화적 비교주의에 기초하고 그것들을 반영하고 있는 것이다. 객관적이고 최대한 효과적이기 위해서 기독교 신학자들은 인간의 행동, 선입관의 본질과 영향, 지각과 사고에 대한 개인적인 영향, 사회 과학에 있어서의 다른 발견들에 대하여 깊은 친밀감을 가지도록 해야 한다.

성경은, 그 자체가 하나님이 창조하신 것들에 대한 모든 진리들을 포함한 책이라고 말하고 있지 않다. 우리는 기록된 하나님의 말씀을 연구함으로써 그의 세계에 대하여 배우지만, 하나님은 우리가 그것을 사람들, 학문적인 연구, 의학이나 물리학, 그리고 심리학과 같은 것들을 통하여 배우도록 역시 허용하셨다. 심리학에 대하여 눈을 감으로써 기독교인들은 하나님의 진리 중 인간에 대한 많은 부분들에 대하여 모르며, 인간행동과 상담에 대하여 단순한 결론에 도달하는 경향이 있다. 마찬가지로 성경에 나타난 신적 계시를 무시하는 심리학자들은 인간의 존재, 우주에 있어서의 그들의 위치, 변화와 성장을 위한 인간의 가능성에 대하여 제한된 이해를 하고 있다.

수년 전 맥스 L.스택하우스 교수가 매사츄세츠에서 열린 임상목회 교육자연합회에서 연설을 한 적이 있다. 그는 심리학과 신학 사이의 경계에 대하여 말을 했는데, 각 분야 안의 혼란된 부분들을 이야기 하면서 우리는 다른 영역 안밖으로 관련된 주제들을 자신의 영역에 조금씩 들여오려고 자주 애를 쓰고 있다고 말했다. 그리고 심리학과 신학의 경계가 애매해져가고 있는 것은 아닌가고 의문을 표시했다.

나는 이 글을 읽으면서, 우리는 실제로 심리학과 신학 사이의 경계를 허물려고 하고 있는 것은 아닌지 헷갈린다. 만일 그 일이 가능하다면 정말로 두 분야가 하나되는 것을 원하고 있는가? 나로 말하자면 그 대답은 '아니오'다. 통합은 이루어져야 한다. 그러나 경계가 지워져서는 안된다. 통합이란 두 가지의, 분리되어 있지만 독특한 영역들이 비슷한 주제에 관한 우리들의 이해에 대하여 빛을 비추어주는 것을 의미한다. 통합은 신학이 소멸되거나 심리학이 제거되는 것 혹은 한 쪽에 의해서 다른 쪽이 흡수되어 버리는 것을 의미하지 않는다.

그러나 통합은 우리가 두 가지 영역 사이의 경계선에서 살고 있다는 것을 의미한다. 어느 한 쪽 영역의 테두리 안, 혹은 특정 영역에서 머무는 것은 어느 쪽이 경계선인지 분명하지 않은 전선(前線)에서 일을 하는 것보다는 더 쉽다.

그러면 통합의 목적은 무엇인가? 첫째로, 신학과 심리학은 함께 서로의 질문들에 대답할 수 있고 연구를 자극할 수 있는 관점들을 공유할 수 있으며, 하나님의 진리(특별히 사람에 대하여)에 대한 더 위대하고 분명한 발견과 이해들로 인도할 수 있다. 둘째로 통합 임무는 신학과 심리학 사이에 대화의 통로를 열어 놓을 수 있다. 그래서 존중할 만한 결론들이 우리 모두로 하여금 충분히 인간존재에 대하여 이해하는 일을 돕기 위해 사용된다. 그러면 우리 모두는 사람들이 영적이고 심리학적인 전인(wholeness)으로 효과있게 변화하는 일들을 용이하게 할 수 있다. 통합은 상담실, 병원, 강의실, 연구소, 대학원 그리고 회합 등 다양한 장소에서 일어난다. 그러나 나는 효과적인 통합이 일어날 수 있는 최선의 장소는, 심리학에 대하여 약간의 관심과 지식이 있는 성경학자들과 신학자들이 신학에 대한 지식이 있고 성경과 친숙한 심리학자들과 함께 연구할 수 있는 신학교라고 믿는다. 만일 우리의 작업이 하나님의 계시 – 기록된 계시와 자연계시 모두 – 에 대한 진지한 연구를 포함한다고 믿는다면, 그 때는 통합된 학생들이 그들의 통합연구와 노력 속에서 성령의 인도하심을 구하는 하나님의 사람이 되록 노력 해야할 것이다.

통 합 전 망

심리학과 신학을 통합하려는 시도는 새로운 것이 아니다. 오스카 피스터는 그가 포로이드와 인연을 맺었던 기간 동안 이러한 통합을 생각해왔었다. 융은 이러한 주제에 대하여 흥미를 가졌었고(1938) 에리히 프롬(1950), 고든 올포트(1950), 폴 밀(1958), O.허버트 모우어(1961) 같은 심리학 저술가들도 그러했으며, 그리고 내가 대학 초년생 시절에 샀던 그 진부한 책을 썼던 사람을 포함한 다른 사람들이 이 주제에 대하여 관심을 가졌었다.

오늘날의 초년생들 그리고 마찬가지로 대학원생들도, 이러한 통합이 쉽고 한 두번의 강의로 이루어질 일이며, 기껏해야 한 학기 과정이며 끝날 일이라고 혼히 기대하고 있다. 그러나 그 일은 그것보다 훨씬 어렵다. 심리학과 신학은 모두 무수한 가정들, 가설들, 사실들, 접근방법들, 그리고 결론들을 포함하는 지식의 총체다.(단수의) 통합된 심리학이나 통일된 신학과 같은 것은 없다. 대신에 어떻게든 통합되어야 할 복수의 심리학들과 신학들이 있다.

지나친 단순화의 위험을 무릅쓰고 우리는 통합을 번역의 문제와 비유한다. 최근에 나의 책 중의 하나가 영어에서 중국어로 번역되었다. 번역자는 이일에 어려움이 있었지만, 그는 양쪽 언어에 능통하여서 번역상의 어려움은 상당히 해소되었다. 그는 한 가지의 서구 언어와 한 가지의 아시아 언어를 가지고 작업을 하고 있었던 것이다.

그러나 우리가 '서구의' 언어를 '아시아의' 언어로 번역하고 싶다고 가정해보라. 많은 서구 언어들이 있고 아시아 언어들이 있기 때문에 그 일은 거의 불가능한 번역 중의 한 가지가 될 것이다. 예를 들어 영어, 불어, 독어, 스페인어, 독어, 플란더즈어, 포르투갈어, 혹은 스웨덴어를 중국어, 일본어, 타갈로그, 베트남어, 한국어 혹은 다른 동양언어로 번역하는 것이다.

이것은 통합에 있어서의 우리의 임무다. 정확하게 번역된 성경을 가지고 통일된 심리학의 통합에 우리가 참여하게 된다고 생각하는 것은 좋은 일이다. 그러나 그것은 그렇게 단순한 일이 아니다. 심리학은 통일되지 않았고 우리의 성경번역은 번역자들의 연구 결과, 과거의 경험, 그리고 교회의 입장에 따라 다르다. 그러나 이러한 장애물들이 있음에도 최근에 심리학과 복음주의적-성경적인 신학을 통합시키려는 시도들이 몇번 있었다. 이러한 몇 가지 사례들을 보자.

1. 부인하는 접근법 (The Denial Approach)

스위스의 상담자 폴 투르니에는 내가 깊이 존경하는 사람으로 나의 친구이며, 지적인 거인이고 동정적인 상담자인 동시에 겸손한 하나님의 사람이다. 몇년 전 내가 그에 관한 책을 썼을 때, 그는 나에게 대단한 영향을 주었으며 통합에 대한 나의 생각들의 많은 부분을 분명하게 하는데 도움을 주었다.

그러나 심리학자 신학 사이의 관계를 신학 사이의 관계를 논의하는 과정에서 투르니에는 그 긴장이 실제보다 더 분명하다고 써주었다: 실제적인 주제들에 대한 오해의 결과다. 신학자들과 심리치료사들은 서로 대적하면서 일을 하고 있지 않다. 투르니에의 견해로는 그들은 둘 다 어려움에 빠진 사람들을 도우는 일에 관심을 가지고 있다. 그리고 그들은 경청하기, 위로하기, 그리고 지도하기 등의 방법들을 함께 사용하고 있다. 반대되는 명백한 증거에도 불구하고 투르니에는 반복해서 심리학과 종교는 모순되지 않는다고 주장한다 (투르니에, 1964, 1968). 그는 우리가 하나님의 음성을 듣는다면 통합을 가능하게 하는 열쇠를 발견하는 것은 하나님 안에서라고 기록한다(콜린스, 1973, p. 11). 분명히 하나님의 음성을 듣는 것은 통합목표를 달성하는데 필요한 모든 것이다. 나는 투르니에의 생각을 매우 존경하지만 모순이 존재하지 않는다는 그의 말은 분명히 지나치게 단순화 시킨 말이다. 심리학과 신학 사이에는 중대한 차이점들이 있다. 거기에는 모순이 있으며 이것을 부인하기 위하여 (통합이 이미 이루어졌다고 위장하면서) 그 주제를 분명히 하지도 않고 해결하려고도 하지 않는다.

2. 철로 접근법 (The Railroad Track Approach)

가장 오래되고 그럴듯한, 통합으로 가는 현대의 복음주의적인 방법 중의 하나는 1958년에 「그렇다면 인간이란 무엇인가? 신학,

심리학, 그리고 심리치료의 심포지움」(What, Then, Is Man? A Symposium of Theology, Psychology, and Psychiatry)이라는 책이 출판되면서부터 시작되었다. 이 책 속에서, 심리학자 폴 밀(前 APA의장)에 의하여 주도된 한 팀의 루터교인들이 통합에 관한 주제들 - 믿음의 치유, 죄, 정신병리학, 결정주의, 은혜, 믿음, 그리고 인격 등 - 을 논의했다. "결정주의, 죄, 원죄, 유물론, 일원론, 양심, 그리고 개종 등과 같은 용어들에 동의하지 않는 사람들은 기독교 신학과 세속적인 행동과학 사이의 지각 있는 재접근을 시작조차 할 수 없다고 우리는 확실하게 말할 준비가 되어 있다"고 이 책의 저자는 말한다.(Meehl, et. al. 1958, p. 5)

이 루터교인들의 심포지움은 내용상 이해하기 어렵지만 통합에 관한 매우 의미심장한 많은 주제들을 분명히 해주고 그것과 더불어 씨름했다. 그 일은 정신과 의사 그리고 심리학자와 마찬가지로 역시 신학자들과 성경학자들이 함께 참여하는 일을 포괄했던 것이다. (그것은 자주 일어나는 일은 아니다)

「그러면 인간은 무엇인가?」(What, Then, Is, Man?) 이 책은 몇 가지 점에서 이 분야에 있어서의 고전이다. 그 책은 신학적이고 심리학적인 주제들과 씨름하고 있고, 통합으로 향한 몇 가지의 좋은 시도를 하고 있다. 그러나 주제들을 분명히 파악한 고전이라고 해서 해답을 항상 줄 수 있는 것은 아니다. 나는 이 책을 읽는 동안에 심리학과 신학은 같은 방향으로 가고 있으며 같은 줄로 연결되어 있지만 멀리 지평선에서만 서로 만나게 되는, 사람의 마음 속에서만 만나게 되는 두개의 철로와 같다는 인상을 받았다.

나는 이러한 강의를 한번 한 적이 있다. 우리는 그 강좌를 "심리학과 신학"이라고 불렀으며, 그것을 유능한 신학자와 함께 공동으로 가르쳤다. 우리는 노력을 했지만 실제적인 통합은 거의 이루어지지 않았다. 나는 개종 혹은 방언과 같은 주제들에 관하여 심리학적인 관점을 제시하고 그는 신학적인 분석을 제시했는데, 그 두 가지는 결코 접촉점을 찾지 못했다.

나는 30명의 사람들이 귀신들림에 대한 토론을 하기 위하여 기독교 의학협회(Christian Medical Society)의 초청으로 모였던 1975년 봄 동안에 동일한 좌절감을 느꼈다. 3일 후에 성경학자들과 사회과학자들(그들 모두는 복음주의자들이었다)은 실제로는 의사소통을 하지 못하고 있었다. 우리는 인식론과 과학에 대한 다른 가정들을 가지고 있었고, 다른 용어들을 사용하고 있었으며, 자료들을 다르게 해석하고 있었다. 우리는 그 회의를 잘 마쳤고 서로를 잘 이해하게 되었으나 통합에 관한 실제적인 접근은 없었으며, 악령론에 대한 이 한 가지 주제에 대해서까지 접근이 없었다.(이 회의에 대한 완전한 기록은 몽고메리의 저서를 보라, 1976).

만일 통합이 이루어졌다면, 우리는 심리학자들과 신학자들 양쪽의 관점들과 수고를 필요로 하게 될 것이다. 그러한 사람들은 다른 분야와 매우 친밀한 관계를 유지해야 한다(되도록이면 다른 분야에서 약간 연구를 해보면 더 좋다). 그들은 진짜 통합은 심리학 용어들과 신학 용어들이 함께 정돈되는 것과 그러한 병행이 통합이라고 생각하는 것 이상을 포함해야 한다는 점을 인식해야만 한다. 더우기 그들은 다른 분야에서의 관점으로 이 주제들을 보고 서로의 입장을 좁혀가기 위하여 기꺼이 의사소통을 할 수 있어야 한다.

3. 분석수준 접근법 (The Levels of Analysis Approach)

리챠드 H.부브는 장로교 평신도로서 스탠포드의 재료학 (Materials Science) 교수이며 「*Journal of the American Scientific Affiliation*」의 편집자이다. 1971년에 부브는 「인간탐구」(*The Human Quest*)를 출간했는데, 이 책은 그 내용들을 잘 묘사하는 부제를 달고 있었다: 과학과 기독교신앙에 대한 새로운 조명(*A New Look at Science and the Christian Faith*).

부브는 그 책에서 과학과 기독교에 관련되는 두 가지의 일반적인 명제들을 암시하고 있다.

명제 1. 우주는 오직 창조하시고 보존하시는 하나님의 능력 때문에 매순간 마다 존재한다.

명제 2. 여러 수준에서 주어진 상황들이 묘사될 수 있다. 어떤 수준에 대한 철저한 묘사는 다른 수준들에 대한 의미 있는 묘사들을 배제하지 않는다.

첫번째 명제는 히브리서 1장 3절, 골로새서 1장 17절 그리고 고린도전서 8장 6절에서와 같이 분명히 성경에서 가르치는 바이다. 부브는, 만일 하나님이 "스스로 작동 중지 하신다면" 모든 것들은 존재할 수 없을 것이며 "하나님의 활동에 의하여 끊임없이 유지되지 않는다면 질서 있는 법칙들에 의해서 지배되는 세계는 없을 것이다"라고 주장한다.

명제 2는 더욱 논쟁의 대상이 되는 것으로, 직접적으로 심리학과 기독교신학의 통합과 연관이 있다. 자신의 분석 접근의 수준들을 소개하면서 부브는 언어의 분석으로부터 시작한다. 이 페이지에 있는 내용들은 다른 관점 혹은 수준으로부터 검토될 수 있다. 우리는 알파벳으로 쓰여진 개별적인 글자들을 볼 수 있고, 음성학, 전체 글자들, 문법, 문맥, 그리고 궁극적인 내용이나 인쇄된 자료들의 의미를 살펴 볼 수도 있다. 이러한 각각의 관점들은 하위의 것보다는 더 복잡하고 상위의 관점들은 하위수준의 것들을 포용한다. 우리 아이들은 학교에 들어가기 전에 Sesame street에 나오는 글자, 음성 그리고 단어를 배웠다(세써미 스트리트는 책이름이며, 또한 TV 교육방송용 프로그램명으로 우리나라에서도 방영된바 있다.*역자주). 후에 학교에서 그들은 단어쓰는 법과 좋은 문법규정들을 지키고 문학적 저술 안에 있는 의미들을 찾는 법을 배웠다. 그들은 지금 쎄써미 스트리트에서 다루는 기초수준을 훨씬 넘어서있다.

그림 1
우주의 구조
부브의 저서(1971)에서 인용

표현 수준

궁극원리	하나님	신사	신학
인간	사람	사회인	인류학
		심리	심리학
인간 외의 생물	동식물	동식물	생물학
단순 생명체	세부분원소	풀포자자	생물
무생물	생분자	물화	물리학 과학
비물질	에너지		

동심원적 표현

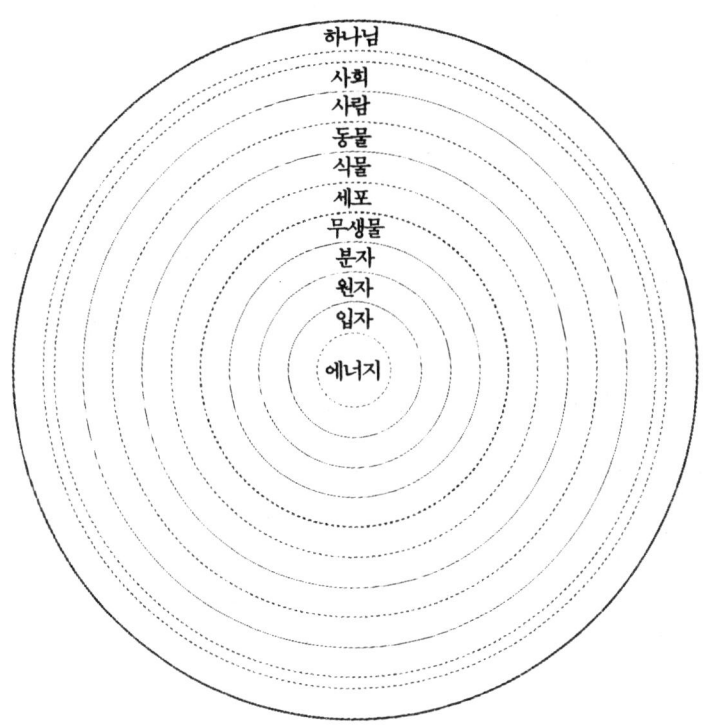

 언어로부터 과학의 세계로 돌아가보면, 우리는 훨씬 복잡하지만 기본적으로 비슷한 수준들의 체계를 보게 된다. 이것은 그림 1에 설명되어 있다. 우주는 다양한 수준으로부터 관찰되고, 이들 자체는 타당성과 의미는 있지만 그럼에도 불구하고 완전한 관점을 제시해주는 못한다. 높은 수준의 범주에서는 더 궁극적인 방법으로 문제들을 다루지만, 이러한 수준들은 하위수준의 묘사들 보다 더 중요한 것도 덜 중요한 것도 아니다.
이러한 접근의 기초 위에서 부브는 다음과 같이 기록하고 있다.

　　기독교로의 개종이 심리학적인 경험인가 아니면 신학적인 경험인가를 논의하는 것은 더 이상 필요하지 않다. 기독교로의 개종은 단지 생물학적, 생화학적 그리고 생물물리학적인 경험과 마찬가지로 심리학적, 신학적인 경험으로 묘사될 때만 이해될 수 있다. 사람이 기계인가 아니면 하나님에 의하여 창조된 인격인가 하는 것을 토론하는 것도 더 이상 필요하지 않다. 사람은 단지 기계이며 그리고 하나님이 창조하신 인격이고, 하나님의 형상대로 실제적인 인격을 가지고 창조되었으나 생물학적, 생화학적, 그리고 생물물리학적 수준에서 나머지 자연들을 지배하는 법칙들에 따라 작동하는 존재라고 묘사될 때만 이 문제는 이해될 수 있다.(1871, p. 35)

이러한 접근은 과학이 그 전제들과 "직관적인 한계들"로 말미암아 우주에 관한 우리의 모든 의문들에 해답을 제공하지 못한다는 것을 인정한다. 신학과 과학은 비슷한 문제에 대하여 연구를 해야만 하고, 각각은 서로의 희망하는 것들이 더 완전한 이해를 보여주기 위하여 조각그림 맞추기 놀이처럼 서로 맞물려지는 결론에 도달해야만 한다.

그러나 그러한 조각그림 맞추기 놀이는 자동적으로 맞추어지는 것이 아니다. 어떤 주제들은 너무 복잡하고 이해하기 어렵다. 그래서 "우리가 할 수 있는 최선의 것은 우리의 공통된 체험으로부터 수많은 다른 모델들을 만들어 내는 것이며, 각각의 모델들은 실체의 다른 면들을 묘사하고 그 모든 것들을 완전한 실체를 보여주기 위하여 제시되어야 한다"(부브, 1971, p. 177). 추측컨대 이것은 다양한 과학자들과 신학자들이 주기적으로 함께 (친히)모여 그들의 다른 관점들과 결론들을 종합하는 일을 포함한다.

이러한 생각은 뛰어난 것이며 마이어즈(1978)와 커웬(1980)에 의하여 제기된 통합접근법에 기초한 것으로 보인다. 그러나 유감스럽게도 다른 학문적인 훈련을 받은 사람들이 동일한 흥미를 가진 주제를 연구할 때 문제가 있다. 나는 기독교의학협회의 회합에서 악령론을 다루면서 다른 용어들과 관점들로 인하여 겪었던 좌절에 대하여 이미 말했다. 그리고 그 회합에 참여했던 사람들은 모두 기독교인이었고, 모두 성경의 권위에 복종하는 사람들이었으며, 개인적인 경쟁심과 흔히 그러한 모임들을 특징짓는 학문적인 경쟁관계로부터 자유로운 사람들이었다. 수년 전 "무엇이 정상(normal)인가?"라는 주제의 어떤 학술적인 회합에서 분명하게, 동일한 난관에 봉착했었다(모우러, 1964).

학술적인 의사소통이 어렵다는 것이 우리가 분석접근의 수준들을 거부할 이유가 되어서는 안된다. 때가 되면 그것은 가장 실현가능성 있는 과정으로 보일 것이며, 거의 모든 지적인 연구들이 점점 혼합되게 될 것이다. 통합과 이해는 어떤 종류의 학문 간의 상호접근으로부터 가장 잘 이루어질 수 있을 것으로 보인다.

4. 통합된 모델을 통한 접근법
(*The Integrated Modls Approach*)

존 카터와 리차드 몰라인은 둘 다 심리학과 신학훈련을 받은 사람들인 데, 그들이 자신들의 통합을 위한 모델을 제시했을 때 어느

정도 학술적인 접근법을 취했다(1976). 그들의 업적이 건물이 완성되기 전에 그 안에 가득채워져야 할 "초고층 빌딩의 대들보와 같다"는 점을 자유롭게 인정하면서, 그럼에도 불구하고 카터와 몰라인은 세 가지의 가정들에 기초한 창조적인 접근법을 제시했다.

(1) 모든 진리는 하나님의 진리이다. 그러므로 (일반계시인) 심리학의 진리는 (특별계시인) 계시된 진리와 모순되지도 반대되지도 않고 전체적으로 조화를 이루는 통합적인 것이다. (2) 신학은 인간들이 이해할 수 있는 언어적이며 개념적이고 문화적인 매체로, 하나님이 주로 인간의 본질과 하나님의 계획 안에서의 인간의 운명에 촛점을 맞추어 인간에게 자신을 계시하신 것을 잘 정리한 것이다. (3) 과학으로서의 심리학은 주로 인간을 작동시키는 기계적인 작용과 그 기능을 평가하는 방법들에 관심을 가지고 있다.(카터와 몰라인, 1976, p. 4)

매우 많은 수의 신학과 심리학 교재들을 살펴본 후에 카터와 몰라인은 이 두 가지 학문분야가 그림 2에서 보는 것처럼 8가지의 유사한 주제영역으로 나뉘어질 수 있다고 결론지었다. "본질, 특징, 그리고 각 영역에서 통합될 수 있는 자료들의 수준은 가지각색이다." 저자는 "그러나 기본적인 원리들과 심리학의 내용들은 그에 상응하는 신학영역들 안으로 통합될 수 있다고 우리는 단언한다"라고 썼다(p.6).

이러한 신학적, 심리학적 주제 영역들을 서로 연관시킬 방법을 요약하는 것은 우리가 논의해야할 영역을 넘어서는 일이지만, 한 가지 예로 우리는 인간학과 인격을 들 수 있다. 신학적으로 제한시킨 인간학은 인간존재의 창조와 본질을 다루는 교리이다. 성경과 역사적인 기독교 신학은 인간의 본질에 대하여 많은 것을 말해왔다. 그러나 동 시대의 심리학자들도 그렇게 했다. 특별히 인격이론 (personality theory) 은 인간의 본질에 대한 함축적으로 심리학적인 진술이다. "그러므로…, 그러나 인격이론들은 내용에 있어서 다르며 모두가 인간의 본질에 대한 함축적이거나 명백한 가정들을 만들어 내고 있고, 그러므로 심리학적으로 성경적인 인간학과 동등하다"(카터와 몰라인, 1976, p. 8).

그림 2
신학과 심리학의 영역
카터와 몰라인(1976)에서 인용

신학의 영역	심리학의 영역
개별 신학	심리학
천사론	심령현상
기독론	상담자
(성령론)	
인간론	인격
죄 론	정신병리학 – 심리치료
구원론	발달
교회론	사회심리학
종말론	보상심리학

카터와 몰라인은 다음과 같이 기록하고 있다. (1) 신학과 심리학에 있어서 설명들의 촛점은 다르다(전자는 일반적으로 역사적이며 사회 - 문화적이고 후자는 서술적 - 임상적, 발전적, 경험적이다), (2) 설명의 수준들이 다르다(신학은 형이상학적이고 심리학은 경험적 - 과학적이다), (3) 신학과 심리학에는 서로 다른 인식론이 있다(신학은 계시적인 반면 심리학은 과학적이다).

이러한 분석은 더 발전될 소지가 있다. 그러나 아직 발견되지 않았기 때문에, 어떤 비평가가 그것을 "지퍼 접근법"(Zipper approach)이라고 부른 이유를 이해하기는 어렵지 않다. 심리학은 신학적인 교리에 억지로 맞추어져 온 것처럼 보인다. 그리고 두 학문은 정열되어 함께 지퍼로 채워져 왔다. - 카터와 내래모어에 의해 더욱 최근에 저술(1979)된 책 속에서 강화된 결론이다. 그러나 그 모델이 더욱 명백해질 때까지는 비록 그것이 부브의 심리학과 신학의 주제에 대한 "통합수준들"의 창조적인 적용처럼 보이지만, 제한된 유용성을 가지고 있는 것처럼 보인다.

5. 강탈 접근법[1] (*The Spoiling the Egyptians Approach*)

상담에 관한 최근의 책에서 로렌스 크랩(1977)은, 통합으로 가는 세 가지의 역사적인 접근법들을 밝혔고 네번째의 대안을 제시했다.
첫번째의 접근법은 "분리되나 동등한" 입장을 취하는 것인데, 이것은 신학자들과 심리학자들은 자신들이 관심을 가지고 전문가적인 견해를 가지고 있는 분리된 영역을 가지고 있다고 가정하는 것이다. 이것은 신학자들로 하여금 신학을 다루게 하고 심리학자들로 하여금 심리학을 연구하게 하며, 다른 사람들의 영역을 침해하지 않게 하는 것이다. 두 가지 학문이 죄와 불안정, 자기용납, 그리고 많은 다른 공통적인 영역들을 다루기 때문에 이것은 현명하지 못하다고 크랩은 결론을 짓는다.

던져진 샐러드"(tossed salad) 접근법은, 약간의 신학과 심리학을 취하여 그들을 함께 다양한 혼합물 속으로 던지고는, 개인적인 통합자의 입맛에 따라 선택하도록 하는 것이다.

크랩은 대부분의 기독교인 교수들이 통합을 향하여 이러한 접근법을 적용해 왔는가에 대하여 의문을 표시하고 있다: 즉 그러한 접근법, 성경의 통찰과 자원들을 심리학의 지혜와 결합하고, 참으로 효과적이고 정교한 기독교적인 심리치료가 나타날 것이라는 희망을 가지는 일이다.(크랩, 1977). 그러나 그러한 접근법은, 서로 타협하면서 성경의 위치를 약화시키는 방법으로, 거룩한 것과 세속적인 것을 무비판적으로 결합시킨다.

던져진 샐러드식 모델에 있어서의 중요한 문제는 세속적 심리학이 아무것도 제공하지 못한다는 것이 아니라, 오히려 세속적인 생각들을 무분별하게 용납하는 일이 성경적인 교리와 더불어 무계획적인 타협으로 몰고갈지도 모른다는 것이다. 통합이란 주로 신학과 연관되는 심리학을 적당하게 제휴하게 하는 일이 아니다. 통합에 있어서의 첫번째 일은 성경적인 여과기를 통하여 세속적인 개념들을 스크린에 비추어 주는 것이다. 그러면 우리는 그러한 개념들을 적당한 신학적인 작업들로 서로 제휴하게 하고, 그들을 이해할 수 있는 전체의 틀 안으로 동화시키는 시도를 하게 된다. 던져진 샐러드 모델은 앞에서 말한 스크린에 비추어주는 것과 같은 비평적인 역할을 충분히 강조하지 못한다.(1977, p. 39 – 40)[2]

"단지 자기 것만을 주장하는 접근법"(nothing but-ery)의 세 번째의 접근법(종교는 단지 심리학적으로 분류될 수 있는 개념이거나 혹은 심리학은 단지 이미 성경에 있는 개념들을 다시 진술한 것에 불과하다는 식의)에서는 신학자들이 모든 심리학을 신학 속에 집어 넣거나 심리학자들이 모든 신학들을 심리학적인 용어로 다시 정의한다. 이러한 접근법은 다른 분야의 공헌(심지어는 그 존재의 필요까지)을 무시하고 자신의 분야만이 필요한 모든 것이라고 생각한다.

이러한 일이 심리학에 있어서는 보편적인 일인 것처럼 보인다. 미국 심리학 협회회원의 모임 연설에서 알렌 버긴(1977)은, 대부분의 현대의 심리학적 연구와 이론은 "가설적이고 방법론적인 배경"을 가지고 있는 인간 경험의 신성한 본질을 부인한다고 주장했다. 많은 현대 심리학자들은 영적인 변수들의 존재를 받아들일 수 없기 때문에, 믿음의 치료, 개종, 그리고 유사한 현상들을 엄격한 심리학적인 용어로 설명하고자 노력한다. 만일 이 일이 불가능하다면 그들은, 새롭게 발견된 곤충을 분류할 수 없는 곤충학자처럼 되어 버린다. 그래서 그것을 짓밟아 버린다!

"단지 한 가지만을 주장하는 접근법"은, 심리학이 단지 이미 성경에 기록되어 있는 것들에 불과하기 때문에 필요없다고 주장할 때 신학 속에도 보이는 것 같다. 이것은 성경에서처럼 자연과 과학 속에서는 하나님의 손을 볼 수 없다고 하는 견해다. 그것은 자부심 강한 신학적 우월성으로 인도하며 인간의 행동과 상담을 단순화시킨 견해다.

이 모든 것들과 대조하여 크랩은, 그가 "강탈접근법"이라고 부른 통합을 향한 접근법을 옹호한다. 출애굽기에서 이스라엘 백성은 애굽인들로부터 광야생활에 필요한 것들을 빼앗았다. 이러한 "탈취"가 킹 제임스 역본에서는 강탈(spoiling the Egyptians)이라고 표현되고 있다(출 3:22).

"세속적 심리학으로부터 강탈"해오기 위하여 크랩은 성경이 심리학에 있어서의 안내자, 그리고 심리학을 시험해보는 "무오하고 영감받은, 잘못없는 계시"가 되게 해야 한다고 말하고 있다. 이것은 성경에 대적하는, 심리학에 있는 요소들을 조심스럽게 뽑아내는 것을 포함하게 될 것이다. 그러한 접근법은, "자기들이 요구하는 개념들을 혼합시키는 '던져진 샐러드 상담자' 혹은 세속적인 연구에서 나온 통찰력으로부터 유익을 얻기를 거부하는 '단지 자기 것만을 고집하는 상담자'의 것보다 더 나은 대안으로 소개되고 있다 (p.52).

크랩이 작성한, 통합영역에서 신중하게 일을 할 수 있는 심리학자의 자격 목록을 읽는 것은 재미있다. 그는 (1) 심리학의 연구만큼 성경연구에 시간을 쏟아야 하며 (2) 정규적 그리고 조직적 방법으로 성경을 공부하고 (3) 필요한 성경지식과 마찬가지로 성경의 일반적인 구조와 전반적인 내용에 대한 이해를 가지고 있어야 하며 (4) 성경을 믿는 지방 교회에 소속된 사람이어야 한다.

모든 그리스도인 심리학자들이 통합자에게 필요한 이러한 자격요건을 받아들이는 것은 아니다. 그러나 아마도 많은 사람들이 통합으로 향한 어떤 복음주의적인 접근에 있어서, 성경은 우리가 심리학을 시험하는 표준이 되어야 한다는 점에 동의할 것이다. 부가하여 "단지 자기 것만을 주장하는 것"과 매력적이기는 하지만 기본적으로 성경과 반대되는 심리학적인 개념들을 무비판적으로 받아들이는 것을 둘다 조심스럽게 피해야 할 것이다.

크랩은 그의 분석에서 날카로운 면을 보여주었지만 전제들에 대하여는 비교적 적게 언급했으며, 유감스럽게도 "강탈접근법"에 대한 안내도를 거의 제시하지 않았다.

6. 재건 접근법 (The Rebuilding Approach)

통합을 향한 많은 접근법들이 심리학적인 용어와 기법들을 신학적인 개념들과 합일 시키기 위하여 노력했다. 이것은 투르니에의 접근법의 특징으로 보인다. 이것은 밀의 책, 그리고 아마도 카터와 몰라인의 저서에서도 나타난다. 그러나 만일 우리가 실제로 심리학과 신학을 통합시키려고 한다면 좀 더 기초적인 수준에서 출발해야 할 것이라고 나는 믿는다. 우리는 근본적인 전제로부터 시작해야 할 것이다.

심리학을 재건하는 일: 「심리학과 기독교의 통합」(콜린스, 1977)은 심리학의 현재 상황을 분석하고 종교에 대한 심리학적인 (특히 프로이드적인) 비평을 평가하고 있다.

그림 3

심리학의 새로운 기초

콜린스의 글(1977)에서 인용

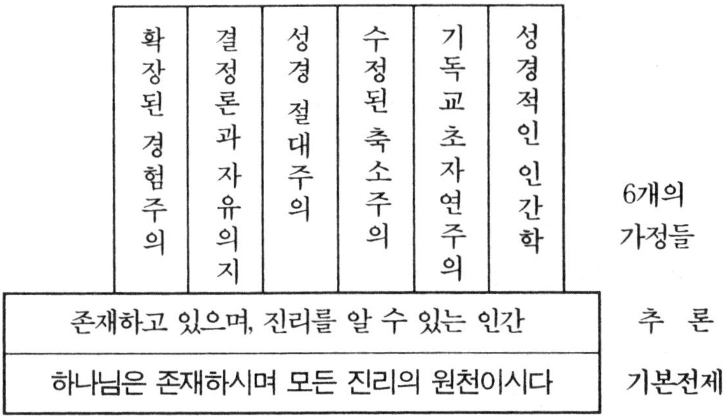

| 확장된 경험주의 | 결정론과 자유의지 | 성경절대주의 | 수정된 축소주의 | 기독교 초자연주의 | 성경적인 인간학 | 6개의 가정들 |

| 존재하고 있으며, 진리를 알 수 있는 인간 | 추 론 |
| 하나님은 존재하시며 모든 진리의 원천이시다 | 기본전제 |

    신학자들은 항상 그들의 근본적인 신앙과 왜 그들이 믿어야 하는지를 고백할 만큼 정직해야 한다. 대조적으로 심리학자들은 중립적이고 과학적으로 객관적이며, 특별히 강조된 전제들에 의하여 얽매이지 않을 수 있어야 한다. 그러나 완전한 중립은 신화다. 우리는 모두 우리가 인식하고 받아들이든지 않든지 간에, 우리의 행동들에 영향을 미치게될 가정들 그리고/ 혹은 결론들을 가지고 있다. 신학자들은 이것을 인식하고 교리적인 진술을 하며, 심리학자들은 전체의 주제를 무시하고 싶어한다.

그러나 우리가 만일, 우리의 근본적인 전제로서의 선입관에 대하여 미치는 그렇게 강력한 영향을 방관하게 되면 우리는 비과학적으로 되는 것이다. 우리의 심리학을 그림 3에서 보는 것과 비슷한 기초 위에 세우는 것이 더 좋지 않을까?

이 모델은 하나님이 존재하시며 모든 진리의 근원이 되신다는 가정으로부터 시작된다. 이러한 진리는 성경(열려진 진리)과 자연(숨겨진 진리)을 통하여 계시된다. 우리의 심리학 저서에서 그리스도인인 우리는 적어도 6개의 필요한 가정들을 받아들인다.

- 확장된 경험주의

이것은 진리가 통제된 실험에서 뿐만 아니라 논리적인 연역, 성경계시, 그리고 심지어는 직관과 인간 연구를 통하여 온다는 것을 암시한다. 나는 성경이 다른 모든 사실들을 시험하는 우리의 기본적인 자원이라는 크랩의 주장에 동의한다. 그러나 성경이 심리학에 관한 서적이라고 주장할 수는 없다. 만일 우리가 인간을 더욱 완전하게 이해하고 상담을 통하여 최대한의 변화를 가져오기 위하여 상담에 개입하기를 원한다면, 성경으로부터 나오지 않은 다른 자료들도 활용할 수 있고 활용해야 한다.

- 결정론과 자유의지

물론 이것은 역설이다. 그러나 두 가지 모두가 성경에서 가르쳐지고 있는 것들이다. 어떤 심리학자들은 두 가지 모두를 현대심리학 속으로 받아들여야 할 것으로 인식하기 시작하고 있다.

― 성경절대주의

현대인들은 상대적인 체계 주위에 도덕적인 가치관을 세우고 있다. 대조적으로 복음주의적인 기독교인은 인간행동을 이해하기 위하여 성경적이며 절대적인 일반원리를 연구하고 있다. 성경이 침묵하고 있는 곳에서 우리는 성경적인 원리의 정신과 가능한긴 일치되는, 가치관과 윤리적인 결단을 이룩하도록 애를 쓴다.

― 수정된 축소주의

인간의 본질을 이해하려는 우리의 시도에서 우리의 주제를 조그만 분석단위 안으로 집어넣는 것은 가능하다. 화학자들은 이 일을 해왔다. 물리학자들과 많은 심리학자들도 마찬가지다. 그러나 사람은 확실히 부분으로서보다는 더 큰 전인(Wholeness)으로 특징지워진다. 그러므로 그리스도인은, 인간행동을 더 작은 부분들로 나눔으로써 인간을 가장 잘 연구할 수 있다고 하는 널리 지지받고 있는 견해를 받아들일 수 없다.

― 기독교 초자연주의

이것은 세계가 정돈되어 있으나 보다 더 질서정연해 가고 있다는 심리학자들의 견해를 수용한다. 하나님이 모든 것들을 창조하셨고 그의 아들을 통하여 모든 것들을 함께 섭리하신다고 하는 것을 받아들인다. 이것은 "우주 안에서 인간은 다른 운명들에는 관심이 없는 외로운 존재"(1947, p. 445)라고 하는 프롬의 말에 대하여 도전하고 부인하는 견해다. 기독교인들은 인간의 삶 속에서 초자연의 존재와 영향력을 전제하며, 이러한 전제는 인간의 행동을 이해하고 사람들의 변화를 도와주는 일에 중요한 관계가 있다.

- 성경적인 인간학

인간의 선과 도덕적인 중립을 전제로하는 인본주의자들과는 달리, 기독교인들은 우리가 하나님의 형상으로 창조되었고, 타락한 피조물이며, 그의 아들 예수 그리스도 안에 있는 믿음을 통하여 우리들을 그에게로 돌아오게 하는 일을 가능하게 하는 신적존재에 의하여 사랑을 받고 있다고 생각한다. 예수 그리스도를 구속주와 주로 받아들인 사람들은 "거듭난" 것이며, 신적은사를 소유하고 사후의 영생을 보장받은 새로운 피조물이다.

우주는 그러한 새로운 기초가 심리학적인 연구와 상담에 어떻게 영향을 줄 수 있는지를 우리에게 보여주려고 하지 않는다(콜린스, 1977을 보라). 그러나 나는 인간의 개인행동을 연구하는 모든 과학이 만일 그러한 성경으로 부터 기원된 기초 위에 세워지기만 한다면 변화될 수 있다고 믿는다. 이것은 근본적인 전제의 수준에서 이루어지는 통합, 즉 미래의 모든 심리학적인 작업속으로 스며들 수 있는 통합이다.

그림 4

심리학과 종교에 있어서의
세속적, 기독교적 모델들

카터의 자료로부터 인용(1977)

세속적 모델		기독교적 모델		요 약
모델	예	모델	예	심리학과 종교는 다르다. 한 쪽을 지지하는 사람은 다른 쪽을 해롭고 관계없는 것으로 보고 배척한다.
1. 심리학 대 종교	엘리스 프로이드	성경 대 심리학	아담스	
2. 종교 심리학	프롬 모우러	심리학의 성경	관계신학	종교는 심리학과 관계 있는 것으로 본다. 좋은 심리학은 타당성 있는 종교의 통찰력을 심리학 속에 도입하여 유익하게 사용한다.
3. 종교와 병행하는 심리학	쏜	심리학과 병행하는 성경	클레멘트(두 영역은 분리되어 있다) 밀 (두 영역은 상호 관계가 있다)	종교와 심리학은 분리되어 있으며 관계없는 영역이다. 또 비슷한 관심과 유사한 주제들이 있으나 서로 영향을 미치지 않는다.
4. 종교를 통합하는 심리학	알포트 프랭클	심리학을 통합하는 성경	크랩 반 캄 홈 와그너 카터 몰라인	종교와 심리학의 통일은 가능하고 또한 바람직하다.

결 론

나는, 우리들 자신이 어떤 다른 이론과 죽이 맞는 일에 대하여 경고했던 사람은 E.C.톨만이었던 것으로 믿는다. 분명히 우리는 우리의 통합이론들을 포함한 이론들을 가볍게 견지해야 한다. 지브스(Jeeves, 1976), 솔(Sall, 1975), 오우츠(Oates, 1973), 판스워드(Farnsworth, 1974, 1976), 마이어즈(Myers, 1978) 그리고 코스그로브(Cosgrove, 1979) 등의 업적들을 포함하여, 통합을 향한 다른 기독교적인 접근법들은 발전되고 있다. 이들 각자는 그 문제점, 그리고 이 중요하고도 매력 있는 분야와 관련된 발전을 설명하고 있다. 통합에 관한 많은 부분들을 요약했던 카터(1977: 카터와 내래모어, 1979)는 지금까지 일을 하고 있고, 성경과 심리학에 대한 네 가지의 기독교적인 모델들(그림 4를 보라)과 함께 심리학과 종교에 관한 네 가지의 모델들을 분명히 구분하고 있다. 잠정적으로 카터는 "삶과 사상의 세계"와 더불어 믿음의 통합을 향한 모든 접근법들을 이러한 네 가지의 범주 안에 포함시킬 수 있다고 주장했다.

그러므로 통합을 향한 기독교적인 접근에 있어서 발전이 이루어지고 있는 것으로 보인다. 그러나 어떻게 이론적인 토론으로부터 교회 안에서의, 상담에 있어서의, 그리고 심리학자들의 날마다 연구하는 일 속에서의 실제적인 통합으로 옮겨갈 수 있을까? 우리가 다음 장에서 다루게 될 것은 이러한 주제들이다.

제 2 장
통합 : 적용(1)

개리 R. 콜린스

내가 대학원에 다닐 때 우리는 장학금(Scholorship)에 대하여 자주 들었다. 우리는 학술적인 논문들을 쓰고 학술지를 읽으며, 석사학위 논문과 박사 논문을 준비하도록 요구되었다. 그러나 아무도 우리에게 장학금에 대한 정의를 내려주지는 않았다. 그리고 사전적인 표현 – "지식이 많고 박학한 사람에게 유익을 주는 것" – 은 크게 실제적인 도움을 주지 않았다. 아마도 우리들 중 많은 사람은 장학금을 표현할 때 쓰는 "학술적인"(scholarly)이라는 말이 실제로는 애매하고 지겹고도 부적절한 것을 의미하는 것이라는 결론에 도달하게된다.

그러나 나는, 진실한 학자는 오류와 편견을 피하고 정확성을 기하기 위하여 자신의 연구에 있어서 주의를 기울이는 사람이라고 주장하고 싶다. 학자는 다른 사람들의 연구나 자신의 분야의 학자들과 친숙하다. 부가하여 진실한 학자는 지나치게 단순한 논리를 주장하는 것이 아니라, 단순하고 분명하게 의사소통을 하며, 자신이 연구하는 학문의 실제적이고 함축성 있는 의미들을 올바르게 인식해야 한다. 상아탑에 고립되어 앉아서 책이나 논문을 읽고, 같은 내용의 글들만을 쓰고 있는 사람은 내가 생각하는 학자상이 아니다.

이것은 이 페이지들을 쓰기 위하여 자료를 모을 때 내가 다루었던 주제였다. 심리학과 신학의 통합은 주로 이론적인 주제다. 우리의 주의를 복잡한 기술적인 주제에 초점을 맞추어, 특별한 용어를 사용하여 애매하고 지루하며 부적절한 수준에서 이러한 토론들을 계속하기가 쉽다. 이러한 일은 "학술적인" 서적들 혹은 강의에서 너무도 자주 일어나는 일이지만 여기에서는 무엇인가 다른 것들을 기대하고 싶다. 만일 심리학과 신학이 실제로 통합이 가능하다면, 이러한 통합은 이론적일 뿐만 아니라 실제적인 관련을 가지고 있어야 한다. 우리가 지금 잡아야 할 방향은 통합에 관한 이러한 실제적인 면이다.

최근에 나는 유명한 목회자이면서 세미나와 저서를 통하여 결혼, 성, 우울증 그리고 인격변화 등과 같은 심리학적으로 연관성 있는 주제를 많이 다루었던 분과 간단한 대화를 한 적이 있다. 우리의 대화 속에서 이 사람은 심리학이 "불경건하고 세속적인 과학"이라고 주장했다. 이 분은 분명히 심리학적인 저술들을 읽지 않았고, 전문상담에 대하여 비판적이었으며, 심리학을 포함한 사회과학이 지역교회나 선교단체 등에 아무런 도움이 되지 않는다고 단호하게 주장했다.

심리학을 훈련 받은 기독교인으로서 나는 그 말에 동의할 수 없다. 하나님이 창조하신 우주에 대한 진리로서 자연과학, 철학적 논리, 혹은 인간의 속성연구들은 그 몫을 해내고 있고, 심리학, 정신병치료, 그리고 다른 사회과학들에 의해서도 진리를 찾을 수 있다. 물론 심리학 속에는 기독교가 용납할 수 없는 부분들이 많이 있다. 인간의 속성에 대한 심리학적인 결론들 중 어떤 것들, 전문상담가들에 의하여 사용되는 기법들 중 어떤 것들, 우리의 미래를 대체시킬 어떤 제안들은 분명히 기독교 윤리와 성경의 가르침에 반대된다. 그러나 만일 우리가 하나님의 영감됨 말씀과 반대되는 심리학적인 결론들을 경험적으로 그리고 논리적으로 시험해 본다면, 우리는 심리학적인 과학이 지역교회 안팎에서 그리스도를 섬기는 일을 추구하는 그리스도인들에게 실제적으로 가치 있는 많은 것들을 포함하고 있음을 발견하게 될 것이다.

기독교 심리학자들과 그들의 심리학적인 결론들이 그리스도의 몸에 도움을 줄 수 있는, 적어도 6가지의 영역이 있다. 이러한 영역들은 그림 5에서 볼 수 있는데, 이는 중앙의 축을 둘러싸고 도는 바퀴로 묘사되고 있다.

하나님의 말씀인 성경이 중앙에 있다. 이것은 우리의 심리학들이 둘러싸고 돌아야 하는 핵심이다. 하나님에 의한 언어계시의 확고한 영향력이 없다면 바퀴는 여러 방향으로 무절제하게 돌아가게 된다. 이러한 일은 세속적인 심리학의 많은 부분에서 나타났던 일로 그들 중 대부분이 인본주의, 상대주의, 그리고 자연주의 ― 즉 성경계시의 가치를 거부하고 경험주의를 지나치게 강조하며 결정론적인 인간본성에 대한 자기중심적인 견해 ― 의 변화하는 모래 위에 세워진 것이었다. 대조적으로 많은 기독교인들은, 성경이 모든 심리학적인 활동들의 구심점이 되고 우리의 심리학적인 결론들과 기법들을 시험해 볼 수 있는 견고한 핵심이 된다고 믿는다. 통합에 관심이 있는 기독교인들은 성경해석학, 조직신학, 변증학 그리고 기독교 윤리와 마찬가지로 신구약 성경에 대한 좋은 이해를 가져야 하며, 이에 대한 이해를 또한 발전시켜야 한다.

이미 언급한 대로, 하나님은 신적인 지혜로 성경 안에 모든 진리를 계시하려고 하신 것은 아니다. 비록 성경이 심리학과 상담주제에 대하여 진리와 권위로 말하지만, 성경은 결코 완전한 심리학 혹은 상담교재가 되도록 주어진 것이 아니다. 인간의 행동을 이해하고 **변화시키는** 일을 돕고자 하는 기독교인은 행동에 관한 심리학적인 기법과 생물학적, 인식론적, 정서적, 사회적, 그리고 개인적인 기초영역에 있어서의 지식을 가지고 있어야 한다.

6개의 부분으로 구성된 원의 외곽 부분 중 세 가지는 사람들과 관계되어 있고, 반면에 세 가지는 프로그램들과 더 관련되어 있다. 각 부분들은 "사람들을 도와주는 일"에 예수 그리스도의 교회와 관련된 것처럼 이 일의 특별한 면을 다루고 있다. 아래 글들에서 우리는 각 부분들에 대하여 간단하게 이야기 할 것이며, 그 다음에 더 깊은 논의로 들어가게 될 것이다.

(a) 전문적으로 사람을 도와주는 일
　　(*Professional People—Helping*)

대학원 과정의 심리학 훈련 프로그램에 등록하고자 하는 사람들

사이에 경쟁이 심하다는 것은 널리 인식되어 있다. 이 분야로 들어가는 새로운 전문가들의 수가 너무 많아서 어떤 이들은 우리가 너무 많은 심리학자들을 가지게 되는 위험에 빠지게 되지 않을까 염려하고 있다. 그럼에도 불구하고 높은 수준의 자격을 갖춘 전문가들과 교회 안팎에서 개인들, 부부들, 그리고 가족들을 도와주어야 할 사람들을 훈련시켜야 할 프로그램은 여전히 필요하다.

사람들을 도와주는 것을 전문으로 하는 사람들은 심한 혼동상태에 빠진 사람들을 상담하기 위하여 훈련을 받지만, 이러한 전문가들은 더 많은 일들을 할 수 있다. 한 집단으로서의 그들은 훈련과 감독 그리고 목회와 평신도 상담자들을 도와주는 일들을 할 수 있고 해야만 한다; 즉 문제들을 예방하는, 교회와 관련된 프로그램을 마련하도록 지도하고, 연설 혹은 서적이나 논문의 저술을 통하여 다른 사람들을 도와주며, 기독교에 대한 심리학적인 비평들에 도전하기 위한 강한 반응들을 모으는 일, 상담, 그리고 교회와 관련된 프로그램을 효과적으로 지도하기 선교사들을 포함하여 교회사역을 위한 사람들을 선택, 훈련, 배치하는 기술을 통한 공헌, 그리고 지역교회와 교회유사단체들의 효과적인 치유사역을 강화하는 일 따위를 할수있고 해야만 한다.

(b) 목회적인 사역으로 사람을 도와주는 일
 (*Pastoral People—Helping*)

정부가 후원하는 '정신건강을 위한 공동위원회'(Joint Commission on Mental Health)가 수년 전 미국에서 국가적인 조사를 실시했을 때, 상담을 필요로 하는 모든 사람들의 거의 절반이 목사들로부터 도움을 구했다는 사실이 밝혀졌다(공동위원회, 1961). 이러한 이유 중의 몇몇은 알아내기 어렵다. 목사들은 전문상담자들보다 접근하기가 더 쉽고, 수적으로도 더 많으며, 비용이 적게 든다. 더우기 목회상담자들은 자신의 직책상 흠집이 적다. 그러한 이유로 "나에게는 의사가 필요해"라고 생각하는 대신 "나는 이 문제에 대하여 목사님(혹은 사제)과 이야기를 해야겠어"라고 힘들지 않게 결론을 내리게 된다. 교회지도자들은 역시 종교적인 치료향(healing balm)을 가지고 오며, 그들은 더욱 낯익은 인물들이기 때문에 많은 사람들에게 냉담한 "독심술사" 혹은 "정신과 의사" 들로 여기서는 전문가들보다는 더욱 자주 신뢰 받고 있다.

그 연구에 덧붙여서 공동위원회는 사람을 돕는 목회에 몇 가지의 놀랄만한 결론을 내렸다. "의심할 여지없이 성직자에 의한 목회상담은 정신건강 분야에 있어서 교회의 가장 중요하고 유일한 활동이다"라고 위원회 보고서는 기록하고 있다.

정신 건강의 원리와 실천에 대하여 훈련을 받지 못했거나 부분적으로 훈련받은 일단의 사람들 – 성직자…그리고 다른 사람들 – 이 이미 전문적인 대책도 없는 상태에서, 정신적으로 문제가 있는 사람들을 도우거나 다루는 일을 수행하고 있다. 단기간의 강좌나 자문을 통한 적절한 훈련으로, 그러한 사람들은 정신건강을 위한 상담자들처럼 충분한 기술들을 갖출 수 있다…가르침으로 도와주는 일이…신학교에도 제공되어야 하며…그리고 정신건강 정보를 이런 직업 훈련프로그램으로 통합하려는 시간제 혹은 전임 교수요원들을 갖기 위하여 다른 일들도 제공되어야 한다.(1961, pp. 134, 257).

이러한 단어들의 출현으로 신학교들과 다른 훈련기관들은 적당한 노력, 시간 그리고 돈을, 사람들을 도와주는 목회자들 혹은 잠재적인 목회자를 훈련시키기 위한 프로그램에 써왔다. 그러한 훈련은 막 시작되었다. 그리고 이것이 미래에는 더 심도 있고 실제적이며 더욱 통합된 신학교 커리큘럼의 한 부분이 되어야 할 것이다. 반면에 많은 목사들이, 상담훈련을 받았든지 받지 않았든지 간에, 전력을 다하여 상담 사역을 수행하고 있다. 많은 목사들에게 피상담자들이 몰려오고 있고, 목사들은 그들 주위로부터의 요구에 의하여 압도 당하여 비상담업무를 위한 시간이 부족하여 좌절을 겪는가 하면, 도움이 필요한 사람을 보낼 수 있는 전문가를 찾을 수도 없다. 점점 더 교회 안에 있는 평신도들이 사람들을 도와주는 업무를 위하여 훈련을 받고, 기뻐하는 자들과 함께 기뻐하고 슬퍼하는 자들과 함께 슬퍼하며 다른 사람의 짐을 함께 나누어 져야 한다는 것이 분명해져 가고 있다(롬 12:15, 갈 6:2).

(c) 동료들이 도와주는 일 (*Peer People－Helping*)

사람들은 개인적인 문제를 가지고 있을 때 누구에게 가장 먼저 도움을 청하는가? 많은 사람들이 친구, 이웃, 혹은 친척에게 갈 것이다. 이런 사람들이 우리를 가장 잘 이해하는 사람들이고, 가장 기꺼이 필요한 때에 소용이 되는 사람들이다. 그들은 아마도 이 나라에서 가장 효과 있게 도와주는 능력을 가지고 있다.

도움을 필요로 하는 사람의 친구들과 친척들은 매우 효과적으로 도움을 줄 수 있다. 로버트 카크후프(1968)가 동료 혹은 "유사 전문가"의 도움에 관한 문헌들을 연구했을 때, 훈련을 받았든지 받지 않았든지 평신도들이 마찬가지로 상담을 할 수 있었고, 어떤 경우에는 전문 상담자보다 더 잘하는 경우도 있었다고 결론을 내렸다. 이것은 동료상담자들이 문제를 가지고 있는 정상적인 성인들, 어린이, 정신병 환자들을 다루고 있을 때든지 정신병원에 있는 정신병자들을 다룰 때든지 간에 사실이다. 전문가처럼 행하지 않고, 더욱 부담 없이 비공식적으로 그들과 함께하며 동정적이기 때문에, 이러한 평신도 상담자들은 그들이 사람들을 도와줄 수 있는 높은 능력을 지니고 있다는 것을 보여주었다.

(d) 심리학적 — 변증적 방법으로 사람을 도와주는 일 (Psychological — Apologetic People — Helping)

수십 년 전 진화논쟁이 기독교인들 사이에서 흔한 주제였던 때, 생물학은 교회에 있어서 가장 큰 지적인 위협이었다. 최근 몇년간 심리학은 그 역할을 넘겨주었다. 프로이드가 그의 저술에서 종교를 공격했다는 것은 잘 알려진 일이다. 그리고 그 이후의 심리학 세대들도 계속하여 비판적이었다.

대학 강의실에 들어간 기독교인인 학생은, 다른 결론들 사이에서 다음과 같은 것들을 증명하기 위하여 계획된 설득력 있는 주장을 듣는다. 즉 개종은 원래 설득기술에 대한 정서적인 반응이다. 기도는 희망적인 생각이며, 기적은 불가능하고 이러한 비과학적인 사건은 믿을 수 없다, 의식(예배를 포함하여)은 강제적이며 강박신경증이다, 하나님은 우리의 상상 혹은 환상적인 아버지의 성격을 투사한 것이다, 모든 종교들은 상황의 산물이다 따위의 주장들이다. 만일 그 학생이 그러한 가르침에 대하여 반박할 준비가 되어 있지 않으면, 그는 때때로 심리학적인 과학의 결론에 대한 반응으로 신앙을 포기하도록 설득당할 수도 있는데, 과학의 결론 그 자체가 어떤 의미에서는 종교다.(빗츠의 글을 보라, 1977).

비록 전부는 아니라고 하더라도, 이러한 심리학적인 주장의 대부분은 단호하게 기독교적인 변증학 - 기독교의 진리성을 옹호하는 것과 관련된 학문 - 에 의하여 해답이 제시될 수 있다. 그러나 심리학과에 처음 입문한 학생은 이것을 흔히 인식하지 못하며, 그들의 교수들 중의 많은 사람들도 마찬가지다. 심리학이 점점 기술적이며 정교해져 감에 따라 종교, 특히 기독교에 대한 그들의 주장들도 그렇게 될 수 있다. 헌신되고 지식 있는 그리스도인이며, 성경에 익숙하고 분명하게 생각할 줄도 아는, 그리고 현대심리학의 방법과 결론들을 철두철미하게 알고 있는 학자들은, 기독교 신앙을 향한 이러한 심리학적인 도전에 대하여 분명하게 대답하고 단호하게 반박하는 임무를 수행해야 한다. 이것이 새롭고 중요한 역할인데 특히 전문적인 사역자에게는 더욱 그렇다.

(e) 개방적으로 도와주는 일(*Public People-Helping*)

어떤 사람이 인간에게 필요한 것들에 대하여 책을 쓰고 논문을 준비하거나 연설을 할 때 그의 뜻이 잘못 전달되기 쉽다. 우리들 모두는, 도움이 필요한 사람은 특히, 우리가 찾고 있는 것만을 보거나 듣게 된다. 그리고 때때로 문제를 해결하기 위하여 도움이 되는 구절을 문맥 가운데서 끌어낸다.

이러한 위험에도 불구하고, 수천명의 사람들이 도움을 구하기 위하여 대중매체를 이용하며, 테이프를 듣거나 읽고 도움을 얻는 방법을 가르쳐주는 강의를 들음으로 위로와 지도를 구한다. 전문적인 심리학자들은 순진한 사람들이 책이나 혹은 자조 공식(self-help formula)이 모든 문제들을 신속히 그리고 영구히 해결해줄 수 있다고 믿을 때 특히, 그렇게 개방적으로 도와주는 일을 비판하는 경향이 있다. 인간의 어려움들 가운데 그런식으로 단순하게 해결될 수 있는 일은 별로 없다. 그리고 그러한 공식을 사용할 때 그 공식을 사용하는 사람은 실패에 대하여 죄의식을 느끼고, 특히 만일 이러한 공식이 성경과 연관된 것이며 사용자의 문제에 대한 성경적인 답변일 경우에는 더욱 그렇다.

그러나 우리는 이것이 어떤 사람들이 얻을 유일한 도움일 수도 있다는 점을 염두에 두어야 한다. 다른 사람에게 문제들을 이야기 하는 것이 두렵고 불편한 것일 때, 많은 사람들은 이것이 익명의 방법으로 도움을 줄 수 있을 것이라는 기대를 가지고 책과 테이프 혹은 강좌를 의존한다. 그리고 의심할 바 없이 그러한 도움들이 주어진다!

그러나 확실히 개방적으로 사람을 도와주는 일은 더 좋을 수도 있다 - 그 전제가 더욱 분명하고 더욱 현실적이며, 더욱 성경적인 기초를 가지고 있고, 현대 심리학의 확고한 발견들에 더욱 민감하며, 한 가지의 역사적 사례와 개인적인 경험, 혹은 빈약한 성경주석에 덜 의존할 수 있다. 그 일이 확실히 효과적이기 위해서는 설교학과 의사전달의 확고한 원리들에 기초되어야 하며, 사람들이 그러한 원리나 주장들이 자신의 삶 속에서 문제해결을 해주는 일에 실패할 때 죄책감을 덜 느낄 수 있도록 개인적인 차이점들이 강조되어야 한다. 그리고 자신의 도움을 비인격적인 책 속에서 혹은 설교 속에서 나타나는 일반적인 말들 속에서 구하는 대신에, 문제들을 친구, 목사, 혹은 전문 상담자와 더불어 의논하는 일의 가치와 귀중함을 개방적인 조력자(public people-helper)는 강조해야 한다.

(f) 예방적으로 도와주는 일 (*Preventive People-Helping*)

예방은 질병에 반격을 가하는 최선의 방법이라는 것은 의료전문가들에게 있어서의 확실한 결론이다. 백신 프로그램, 건강교육, 그리고 질병통제를 위한 공동체 프로그램은 질병을 피하고 확산을 방지하는 가장 잘 알려진 방법이다.

지금까지 우리의 심리학적인 평안에 영향을 주는 가난, 범죄, 그리고 다른 영향력을 제거함으로써 공동체를 변화시키려는 시도가 예방적인 심리학 프로그램이 되어 왔다. 그러나 이것이 예방을 위한 유일한 접근법은 아닐 뿐아니라 아마도 가장 좋은 접근법도 아닐 것이다.

우리는 사람들이 자신들의 삶과 결혼생활 속에서 잠재적인 스트레스를 규명하고 그것들을 피하는 일을 돕도록 해야 한다.(예를 들어 결혼 전 상담 등이 이런 일을 한다). 우리는 사람들로 하여금 은퇴, 이혼, 혹은 죽음과 같은 미래의 위기를 예견하고 준비하도록 도와주어야 하며, 평신도들로 하여금 문제가 더욱 악화되기 전에 다른 사람들에게 있어서 진전되어 가는 문제점들을 알아내도록 도와주어야 한다. 우리는 예배 드리는 법, 프로그램을 연구하는 법, 그룹토의법, 교회 안에서의 교제법 등, 그리고 다른 활동들 – 종교적인 활동과 비종교적인 활동 – 은 사람들로 하여금 점점 진전되어 가는 삶의 문제를 피하거나 혹은 더욱 효과적으로 대처할 수 있도록 도와줄 수 있다는 것을 배워야 한다.

학교를 제외하고는 공동체 속의 기관으로 심리학적인 문제를 예방하는 일에 있어서 교회보다 더 전략적인 기관은 없다. 교회는 오랜 기간에 걸쳐 전체 가족들과 함께 접촉하고 있다. 교회지도자들은 가정들을 방문할 수 있고, 위기의 때나 인생의 전환기(결혼, 은퇴, 혹은 죽음 등)에도 자리를 함께 할 수 있다. 몸된 교회 안에 있는 주일학교 교사들, 청년지도자들, 장로들, 집사들, 그리고 다른 평신도들은 동료-기독교인과 항상 가까이 있을 수 있으며, 중대한 문제가 진전되기 전에 유익하며 위협적이지 않은 방법으로 개입할 수가 있다.

심리학, 특히 예방적인 공동체 심리학은, 이러한 예방에 관한 중대한 문제 속에서 교회를 돌아봐줄 수 있고 도와주어야 한다. 그것은 여전히 새로운 분야이며 상당한 기대가능성이 있다. 특히 만일 예방의 원리가 성경의 가르침위에 있고, 성경의 가르침과 모순되지 않는다면 더욱 그렇다.

그림 5에 나타난 여섯 가지 부분은 분명히 지역교회의 사역과 관련이 있다. 심리학과 신학의 통합은 그 자체가 이미 이러한 각 영역에서 실제적인 가능성을 보여주었다. 그럼에도 불구하고 전문적, 목회적, 동료 간에 이루어지는, 심리학적-변증적, 개방적, 그리고 예방적 심리학은 신자들의 지역교회에만 제한되지 않는다.

예를 들어 이러한 원(circle)이 선교에 어떻게 적용될 수 있는가를 생각해보라. 전문적인 심리학자는, 선교사들과 그의 가족들 사이에서 사용되었던 뽑아내어 훈련시키고 상담해주는 기술들을 소유하고 있다. 대부분의 기본적인 상담원리는 보편적이며, 목회적인 상담과 심리학이 유익할 수 있고, 둘다 양을 돌보는 목사에게 그리고 새로운 그리스도인들을 도와주는 선교사에게도 유익할 수 있다. 동료들이 도와주는 일은 역시 다른 문화 속에서도 일어난다. 평신도들을 위한 심리학적 훈련의 개념이 현재까지는 영어를 사용하는 북미지역보다는 기타지역에서 잘 받아들여지지 않고 발전되지않고 있는 것으로 나타나고 있다. 다른 문화권 속으로의 심리학의 확산과 함께 기독교(그리고 기독교의 선교)에 대한 심리학적인 비판이 증가하고 있다는 사실은 거의 확실한 것 같다. 그러므로 심리학적 – 변증법은 선교사들과 국내의 교회지도자들 같은 사람들을 위하여 도움이 되는 준비물이 될 수 있다. – 아마도 개인적인 문제가 공개적으로 논의되는 것이 문화적으로 어려운 사회에서는 더욱 중요할 것이다. 문제들은 어디에 있는 사람들에게서든지 진전될 수 있다. 그러나 국내외에 있는 목회자들이 어려움을 예방하는 지식을 약간 갖추고 있으면 이 지식은 자신에게 유익할 수 있다.

우리들도 역시 결혼과 가족을 고려한 원(circle) 주위를 돌 수 있다. 그 부분은 확실히 현대사회에서 가장 힘든 영역 중의 하나다. 전문가들은 분명히 결혼과 가족상담에 있어서 의미 있는 역할을 하고 있다. 목회 상담자들도 마찬가지다.

그림 5

심리학과 신학:
실제적인 통합 영역

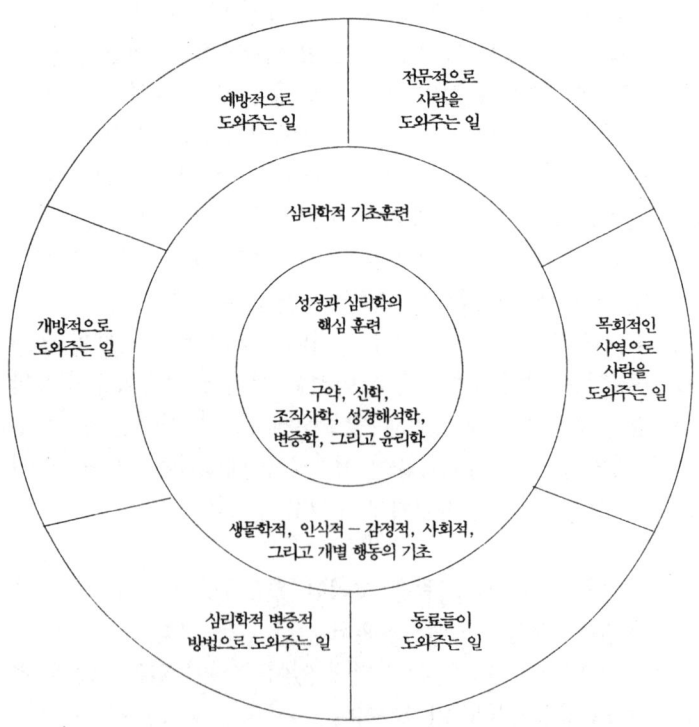

목회상담자들도 마찬가지다. 비올라 대학의 H. 놀만 라이트는 '결혼생활을 풍요롭게 하는 세미나'에서, 부부들은 다른 부부들의 결혼문제들을 도와주는 훈련을 받을 수 있다고 주장했다. 이것은 가족들을 위하여 다른 가족이 도와주는 형태의 몇 개의 프로그램들 중의 하나다. 결혼의 양식에 대한 비기독교적인 대상을 강조(흔히 심리학에 기초를 둔)하는 것도 필요하고 이와 더불어, 가정 안에서 성경적으로 기초한 방법들의 후원을 받는 견고한 변증도 필요하다. 결혼, 가족, 그리고 독신생활 영역에서 개방적으로 사람들을 도와주는 일이 많은 책들과 몇몇 세미나의 주제가 되어 왔다. 기독교인인 심리학자들은 이러한 개방적인 프로그램에서 주어지는 어떤 충고들에 대하여 실망을 할런지 모른다. 그러나 우리는 실망보다 현재 행해지고 있는 일들보다는 더 나은 일을 해야 한다는 의무를 가지게 된다. 물론 그렇게 하려면 결혼 -- 그리고 가족과 관련된 문제들을 예방할 수 있는 방법들에 더욱 주의를 기울여야 할 필요가 있다.

신학교들과 기독교 대학들, 젊은이들을 대상으로하는 프로그램, 복음주의적인 협회들, 라디오와 텔리비젼 방송들 - 이러한 그리고 교회와 관련된 조직들은 성경적으로 기초된 심리학의 6가지 국면으로부터 모두 유익을 얻을 수 있다. 수년이 흐르는 동안 우리는 몇 명의 기독교인 전문가를 훈련시켰고, 위기의 때에 그들의 교구민들과 함께 상담할 수 있는 목회자를 훈련시키는 일에 주의의 초점을 맞추었다. 지금은 심리학과 예수 그리스도의 교회에서 심리학의 역할에 대한 우리의 개념들을 넓혀야 할 때다. 심리학은 만병통치약이 아니다 -- 즉 우리의 모든 문제들에 대한 해답을 제공하지는 않는다. 그러나 이러한 인간의 행동에 대한 과학은 기독교인들에 대하여 실제적이며, 대부분의 신자들이 인식하는 것보다는 훨씬 큰 가치를 가지고 있다. 지금 기독교인들의 생활, 지역교회들, 그리고 유사 교회단체에 더 넓은 영향을 줄 수 있는, 성경적으로 기초한 심리학을 건설하기 위한 노력에 기독교인 전문상담가들과 심리학자가 아닌 사람들이 함께 동참해야할 어떤 도전이 존재하고 있다. 이것이 통합의 중요한 목표인 것이다. 이렇게 넓은 윤곽을 생각해 보고 6가지의 통합영역에 대한 세부 사항들을 살펴보도록 하자. 전문적인 응용심리학으로 부터 시작하도록 하겠다.

전문적으로 도와주는 일

최근의 심리학 회합에서 연사 중의 한 사람이 지금까지는 기독교 상담이론 같은 것이 없었다고 말했다. 확실히 상담에 대하여 상당하게 발전된 접근법이 없었다. 그러나 최근에 다양한 이론적인 접근 방법들이 발전되고 있다. 크레인(1970), 드레이크포드(1961, 1967), 모리스(1974), 클라이드 내래모어(1960), 로버츠(19500, 스미드(1976), 스테플톤(1976), 그리고 콜린스(1976a, 1980a) 등은 기독교적인 관점으로 상담에 대하여 썼던 전문가적 혹은 비전문가적인 상담자들에 속한 사람들이다. 코흐(1965)는 악령현상(occultism)과 기독교 상담에 초점을 맞추었고, 반면에 크랩(1975, 1977) 그리고 솔로몬(1977)은 각각 그들의 성경적인 관점에서 독특한 접근법들을 제시했다. 전문가적인 접근법이라기 보다는 목회적인 접근법으로 분류될 수 있을지는 몰라도, 아마도 기독교적인 체계 중에 가장 잘 알려진 것은 아담스(1970, 1973)의 권면적(nouthetic) 상담일 것이다. 케네디(1977), 그리고 에간(1975)같은 카톨릭 저술가들의 저작들도 비록 그들의 강조점에 있어서 부분적으로는 종교적이 아닌 면도 있지만 이러한 체계 안에 추가될 수 있을 것이다. 그리고 힐트너(1958) 혹은 클라인벨(1965)같은 보다 진보적인 프로테스탄트 저술가들의 총괄적인 관점(whole perspective)도 있다. 이러한 접근법들과 그 외의 다른 접근법들이 최근의 책에서 요약되어 있다 (콜린스, 1980,b.)

자신이 기독교인임을 주장하고 자신의 기독교 신앙을 상담의 일부분으로 만들고 싶어 하는 사람에 의해서 제기되었기 때문에 전술한 또는 그와 유사한 접근법들이 독특한 것인가? 이러한 질문에 답하기 위하여 우리는 상담의 가정들, 목표들, 기법들을 살펴보아야 한다.

가정들

최근의 작가들이 인식하는 바와 같이(콜린스, 1977; 코스그로우브, 1979) 상담 - 임상심리학을 포함하여 오늘날의 심리학은 대부분 경험주의, 결정주의, 상대주의, 연역주의, 그리고 자연주의 등을 인정하는 일련의 가정들에 기초하고 있다. 이와는 대조적으로 많은 기독교인들이, 인간은 자유의지를 가지고 있고, 심지어는 많은 행동들은 결정되어 있는 것이며, 도덕적인 절대성이 있다는 것과 자신을 계시하시고 사람들의 일상사에 관여하시며, 그의 능력으로 만유를 섭리하시는 인격적인 하나님이 존재한다는 성경 속의 가르침을 포함한 다양한 자원들로부터 우리가 지식을 얻을 수 있다는 데 동의한다.

이러한 모든 것들이 상담과 관련성이 있는데 그 이유는 우리의 지각과 치료의 목적들, 그리고 도와주는 기술들이 우리의 전제들에 의해서 크게 결정되기 때문이다. 예를 들어, 기독교인들과 비기독교인들은 개인적인 문제들이 신체적인 질병, 심리학적인 압박감 그리고 사회환경의 영향들로부터 올 수 있다는데 동의한다. 그러나 기독교인들은 인격적인 하나님이 존재하시고 신적인 계시 안에서 우리가 진리를 발견할 수 있다는 가정들 때문에 (a)삶 속에 역사하는 초자연적인 세력들의 존재 가능성을 볼 수 있고 (b)죄의 해로운 결과를 인식할 수 있다.

목표들

비정상의 원인에 대한 이러한 몇 가지의 다소 다른 관점들로 인하여 그 목표들에 있어서도 차이점들이 생기게 된다. 물론 기독교인들과 비기독교인들은, 피상담자의 행동과 자세를 변화시켜주고 사교적·학문적 기술들을 가르치며, 감정을 표현하도록 고무시켜주고 위기의 때에 지원을 해주는 일, 가치관들을 명백히 해주는 일과, 가르치는 책임, 가르치는 통찰력 혹은 어떤 일을 결정하는 일에 있어서 지도해주는 일 등과 같은 것이 치료의 목적이라는 점에 똑같이 동의 한다. 그러나 기독교인들은 영적인 성장을 자극시켜 주고, 피상담자들이 용서를 경험하도록 도와 주고 성경적인 진리를 가르쳐 주는 일, 죄에 대한 고백을 고무시켜 주는 일, 그리고 신자들이 예수님의 제자로서 성장해 가는 일에 더욱 더욱 관심을 가지고 있다. 이러한 목적에 도달하기 위하여 상담기법도 무척 다채로와졌다.

기법들

확실히 기독교인들도 세속적인 상담자들의 기법들과 같은 것들을 사용한다. 듣기, 격려해주기, 분명히 해주는 일, 직면하는 일과 같은 것들이 모든 훌륭한 상담자들이 사용하는 기법들이다. 그러나 기독교인들은 피상담자들이 성경을 반박하는 행동들을 보고 낙심하게 된다. 덧붙여서 기독교인 상담자들은 역시 인터뷰하는 동안에 성경을 인용하고 피상담자와 더불어 기도하거나 하나님 그리고 치료의 필수 부분으로서 영적인 문제들을 공개적으로 토론한다.

아담스가 수년 전(1970) 처음으로 상담업에 대하여 공격을 했을 때 우리 중의 많은 사람들이 저항, 옹호, 그리고 (솔직히 말하면) 분노심을 가지고 반응했다. 기독교를 심리학에 팔아 넘긴다거나, 자신들이 하고 있는 일이 기독교적인 것처럼 보이게 하기 위하여 몇 가지 성경귀절을 인용하면서 "상담에 대한 세속적이며 인류학적인 견해"를 확산 시킨다는 비난은 즐거운 것이 아니었다. 비록 우리 중 아담스의 직면적인 접근법이 바로 그(the) 성경적인 상담 방법이라고 동의하는 사람은 거의 없을지라도, 우리 중 많은 사람이 아담스의 비평에 있어서 어떤 진리들을 볼 수 있다고 나는 생각한다. 한 예로, 나는 나의 접근법을 재고하여 더욱 성경적이면서도 권면적 상담보다는 덜 보수적이라고 생각되는 한 가지 입장을 제안했다(콜린스, 1976).

기독교적인 전문 상담직은 오늘날 몇 가지의 독특한 도전에 직면하고 있다. 그들은 사람들에게 통합 원(circle)의 영역들 즉, 목회적 상담, 동료상담, 심리학적-변증적, 공개적, 그리고 예방적 상담의 5가지 영역에 있어서 작용하는 기술적인 지도를 하고 있다. 기독교인들은 상담에 대한 기독교적인 접근법들을 독특하게 발전시키고 그러한 접근법들이 효과적이라는 것을 보여주기 위한 도전을 해왔다.

그러나 이러한 모든 이론들을 세우는데 있어서 우리는 유연성을 가져야 한다. 기독교적인 상담을 성경적인 상담과 동일시하며, 우리의 것이 변할 수도 성장할 수도 없는 "진실한" 성경적인 방법이라고 주장하기 쉽다. 그렇게 하는 과정에서 상담은 성장해가고 발전하는 분야라고 사실을 잊고 우리 자신의 해석이 완벽한 것이라고 결론을 내린다. 우리들 각자가 오류 있는 존재들이기 때문에 상담방법론, 성경에 대한 새로운 이해, 그리고 미래에 나타나게될 기독교 상담 접근법에 있어서의 새로운 발견들에 대하여 마음을 열어야 한다.

앞길은 멀다. 그러나 기독교 상담과 전문적으로 도와주는 일이 가야할 길은 둘 다 흥분할 만큼 가능성으로 차 있다.

목회적으로 도와 주는 일
(Pastoral People—Helping)

처음 신학교에서 목회 상담을 가르치기 위하여 초대되었을 때 나의 반응은 열광적이지는 않았다. 나의 많은 대학원 동급생들이 세속적인 대학으로 가르치기 위하여 갔는데, 나의 경우 네 가지의 이름으로 된 학교 즉 트리니티 복음주의 신학교(Trinity, Evangelical, Divinity, 그리고 School)의 교수로 가는 일은 미래의 잠재적인 명성을 기대할 수 없었다.—그리고 그 이름 각각의 의미들은 심리학적인 관점으로 볼 때 나쁜 것이었다.

그러나 그 학교가 통합에 관심을 가지고 있는 사람들과 상담법을 가르칠 사람들에게는 중요한 곳이라는 것을 알게 되는데는 많은 시간이 걸리지 않았다. 만일 많은 사람들이 그들의 문제들을 어떤 다른 전문 집단보다는 종교지도자들에게 가지고 온다고 우리가 믿을 수 있다면, 이러한 지도자들이 가능한한 최상의 훈련을 받아야 함은 중요하다. 그들은 최초로 이러한 훈련을 신학교나 성경학교에서 받는다. 성경적이고 신학적인 전문가들로 둘러싸인 그러한 학교야 말로 이론적인 통합과 더불어 상담훈련이 이루어져야 할 곳이다.

목회심리학 운동은 50여년 전 몇몇의 목회자들과 심리학자들에 의하여 시작되었다. 신학교 학생들이 정신적인 질병을 다루는 훈련을 받아야 할 필요성에 대한 관심을 가졌던 목사이며 저술가인 안톤 T. 보이센의 작품으로부터 시작되었고, "임상목회교육"(Clinical Pastoral Education)은 신학생들과 목회 상담자들을 위한 상담훈련 지도를 위하여 매우 조직적인 운동으로 발전 되었다. 여러 가지 점에서 CPE의 과정은 경탄할 만한 것이었다: 목회 상담자들을 훈련시키는 기준들과 지침들을 제시하는 일, 병원 요원들에게 있어서 심리학적으로 그리고 정신적으로 병든 사람을 다루는 일에 대한 목회적인 개입의 중요성과 관련성에 대한 인식을 새롭게 하는 일, 신학과 심리학을 연결시킬 수 있는 방법들을 연구하는 일, 신학교 교육에 상담훈련의 중요성을 알려주는 일, 그리고 신학생들이 상담을 효과적으로 잘하게 하기 위하여 그들을 훈련시켜 개인적이고 영적인 발전을 이루어 주는 일 등.

처음부터 CPE는 신학적으로 진보적인 운동이었다. 그리고 이것은 심리학에 대한 일반적인 불신과 함께, 복음주의자들과 신학적으로 보수적인 신학교로 하여금 CPE의 주류와는 별도로 떨어져 있도록 만들었다. 물론 지금은 대부분의 보수적인 신학교들과 성경학교들도 목회상담에 대한 강좌를 가지고 있고, 이러한 학교들 중 몇몇은 목회심리학과 상담에 있어서 매우 발전된 영역을 가지고 있다. 그럼에도 불구하고 CPE운동과의 복음적인 접촉은 최소한으로 그치고 있다.

물론 신학자들과 같이 목회 상담자들은 광범위한 신학적인 색깔들을 띠고 있다. 이러한 운동의 주류에 있는 가장 낯익은 이름인 윌리암 홈, 웨인 오우츠, 캐롤 와이즈, 그리고 존 서덜랜드 보넬 등은 시워드 힐트너, 어니스트 브루더, 에드워드 쏜톤, 러셀 딕스, 혹은 하워드 클라인벨 같은 사람들보다 보수적인 신학적 견해에 더욱 동조하고 있다. 이러한 사람들이 신학적으로 복음적이고 교회에서의 상담사역에 민감한 사람들과 어느 지점에서 분리되게 되는 것일까? 우리는 목회상담에 대하여 성경적으로 접근하고 있는 사람들의 유일한 대변인으로서 제이 아담스(1970)만을 남겨 놓은 것일까?

구약 성경은, 성령으로 격려하고 지도하며 떠받쳐주고, 직면, 충고 그리고 다른 방법으로 도움을 필요로 하는 사람들을 도와 주었던 경건한 사람들의 실례로 가득 차 있다. 예수님은 "놀라운 상담자"로서 묘사되어 있고, 그의 제자들은 설교하기 위해서 뿐만 아니라 개인들의 영적이고 심리학적인 필요들을 다루어주기 위해서 부름을 받았다(마 10:7-8). 후에 신약성경의 서신서들은 그들의 영감받은 기록자들의 상담기법들 속으로 큰 통찰력을 불어넣어 주었다. 기독교가 시작된 이후 전기간 동안 교회지도자들은 네 가지의 목회 기능이라고 불리워져 왔던 일, 즉 치유, 격려, 지도 그리고 화해 등의 일에 종사해 왔다.

이러한 역사적인 배경을 가진 견해로 보면 오우츠가 말했던, 오늘날의 교회지도자는 상담을 할 것인가 말아야 할 것인가를 결정할 수 있는 특권을 갖고 있지 않다는 말은 확실히 정확한 것이었다. 그들은 그들의 문제점들과 상처들을 계속 가지고 올 것이다. 목사의 선택은 "상담을 할 것이냐 말아야 할 것이냐의 선택이 아니라, 잘 훈련받은 기술적인 방법으로 상담을 할 것이냐 훈련받지 않고 서툴게 상담할 것이냐"의 선택이다(오우츠, 1959, p. 6). 우리 앞에는 목사들에게 숙달된 상담법, 그리고 성경의 가르침에 명백하게 기초한 상담법을 보여주기 위한 도전들이 있다.

목회적인 상담은 심리학자들에게 무시당하여 왔으며, 기독교적인 전문 상담자들로부터 조롱을 받아왔다. 많은 사람에게 그것은 인식도가 낮은 상담직의 부속물이었다. 교회, 신학교, 그리고 기독교 대학에서와 마찬가지로, 통합이 가장 필요한 영역 중의 하나 - 지역교회 - 에서 일어날 수 있도록 우리는 협동, 상호격려, 그리고 심리학교육의 개방을 필요로 한다.

사람을 도와주는 유사 전문직

지역교회는 성도들의 진열장이라기보다는 죄인들의 피난처라고 말해져왔다. 우리 중에 완전한 사람은 아무도 없다. 그리고 그러한 주장과는 반대임을 보여주기 위하여 애쓰는 몇몇 교회들이 있음에도 불구하고 기독교인들은 서로 격려, 지원, 자극, 그리고 도움을 서로 필요로 하는, 영적으로 전쟁을 치르고 있는 사람들이다. 신약성경은 신자들이 함께 일하는 것과 서로를 위해서 하는 일의 중요성을 반복적으로 강조하고 있다. "서로 사랑하라", "존경하기를 서로 먼저 하라"(롬 12:10), "서로 뜻이 같게 하라"(15:5), "서로 받으라"(15:7), "서로 문안하라"(16:16), "사랑으로 서로 종노릇하라"(갈 5:13), "짐을 서로 지라"(6:2), "서로 오래 참으라"(엡 4:2), "서로 복종하라"(5:21), "서로 격려하라"(살전 5:11). 분명히 그리스도의 몸의 지체들은 모든 사람들에게 선을 행하는 일과 관계가 있지만 특히 믿음의 동료들에게 그러하다(갈 6:10).

이러한 성경적인 가르침들은 유사 전문가적인 상담에 있어서의 새롭고 발전된 관심들과 확실히 일치한다. 수년전에 카크후프(1967)는 일반적으로 평신도 상담자들의 환자들도 전문 상담자들의 환자와 마찬가지로 좋아져 가고 있거나 더 좋아지고 있다는 것을 보여줌으로 전문상담자들에게 충격을 주었다. 수년 전에 우리는 평신도들도 교회안에서 가르칠 수 있다고 인식하게 되었다. 더우기 최근에 우리는 복음전도가 목사의 일이거나 순회하는 십자군 지도자들의 일이 아니라 모든 신자들의 책임이라는 것을 인식하기 시작했다. 지금 우리들이 상담에 있어서 동일한 변화를 가져와야 할 때가 왔다. 평신도들이 어려운 문제들을 가지고 있는 사람들을 도와줄 수 있고, 도와주는 사람이 되어야 한다. 그런 일을 하는데 있어서 그들을 도와주는 일은 현대 심리학, 그리고 심리학과 신학의 통합에 있어서 다른 중요한 영역을 향한 도전이다.

몇몇의 프로그램들은 동료들에 의한 상담의 훈련을 위한 것으로 보인다(카크후프, 1969; 대니쉬, 1973; 에간, 1975; 카간, 1975), 그리고 더욱 최근에 교회 안에서 평신도 상담업무를 위한 특별한 프로그램들이 발전되어 왔다. 린드퀴스트(1976) 그리고 라이트(1977)는 훈련 테이프를 만들어 내었던 사람 중의 한 사람이다. 한 가지 프로그램에 대한 최초의 연구조사(콜린스, 1976a,b)는 기독교적인 동료 평신도 상담자는 그들의 공감대 형성, 따뜻한 마음, 그리고 진지함에 있어서 그 수준들이 향상되고, 비교적 간단한 상담프로그램의 결과로 상담기술들이 증가될 수 있다는 것을 보여주고 있다. 평신도들에 대한 심층훈련이 지역교회, 그리고 교회와 관련된 조직들 안에서 이루어져야 한다. 그러한 훈련은 훈련을 위한 평신도 조력자 선정, 상담기술과 기법 교수, 상담 속성의 개발, 위기시의 상담방법, 잠재적 문제인지 발전되고 있는 문제인지의 구분, 소개(referral)의 중요성과 그 기법, 자조 공식 혹은 서적들에 대한 평가, 대가족의 일체와 안정을 이룩하는 법, 그리고 우울증, 분노에 대한 반응, 자기평가문제, 다른 일반적인 어려움들의 조정과 같은 주제로서 초점이 맞추어져야 한다.

이러한 것이 통합과 관계가 있는가? 나는 관계가 있다고 믿는다. 심리학에 관한 인기 있는 책들과 논문들의 수를 보면 평신도들이 그 주제에 대하여 예리한 관심을 가지고 있다는 것을 볼 수 있다. 그러나 우리 모두에게는 인쇄된 것이나 어떤 "노련한" 사람이 말한 것이라면 무엇이든지 믿으려고 하는 경향이 있다. 우리는 평신도들로 하여금 자신들의 심리학적인 통찰력의 평가에 있어서 더욱 예리해지고, 성경과 심리학이 둘 다 문제를 가지고 있는 사람을 돕는 일에 적절한 것이라는 것을 볼 수 있도록 도와 주어야만 한다.

결 론

심리학과 신학의 통합은 교회와 사회에 속한 사람들과 별로 관련이 없는 어떤 상아탑 속의 이론적인 주제가 아니다. 통합은 전문가들, 목사들 혹은 다른 교회 지도자들과 유사 전문가들을 포괄한다. 통합은 전문상담자를 포함하는 일일 뿐만 아니라 심리학과 심리치료 혹은 관련된 학문에 있어서의 훈련을 받지 않은 사람들을 포함시키고 그들의 통찰력을 활용하는 것이다. 통합은 신학과 성경에 대하여 깊은 이해를 가지고 있는 심리학자만 포괄해서는 안된다. 즉 심리학에 나타난 계시로서의, 하나님의 자연계시의 유익함을 알 수 있고 심리학에 의하여 위축되지 않으며 그 분야에 관심과 이해력을 가지고 있는 사람, 성경적이며 심리학적으로 건전하고 실제적인 이해가 있는 신학자들과 성경학자들을 포함하여야 한다. 통합을 위한 매우 실제적인 세 가지의 영역들은 예방, 공적으로 사람을 도와주는 일, 그리고 심리학적인 변증학이다. 이러한 일들은 우리가 다음 장에서 살펴보게 될 원(circle)의 세 가지 다른 부분들이다.

제 3 장
 통합 : 적용(2)

개리 R. 콜린스

　나의 연구분야에서 두 가지의 관점을 가지고 한 가지의 주제로 접근하는 것은 가능하다. 심리학을 광범위하게 바라보는 광범위한 확장 접근법은 그 역사적인 배경과 그 발전들, 그리고 미래의 잠재력을 인식하고 있다. 이와 대조적으로 깊이 파고드는 접근법은 그 분야 안에서 특정한 주제들을 연구하며 매우 상세하게 그것들을 분석한다. 나는 나의 주장을 지원해줄만한 연구자료를 가지고 있지 못하지만, 널리 확장된 접근법을 취하는 사람은 몽상적이고 세부사항에 대하여는 참지 못하는 창조적인 사람들이 아닌가하고 생각한다. 반면에 깊이 파고드는 사람들은 엄격하게 일을 하려고 애를 쓰고 세부사항에 대하여 민감하며 불특정한 일반적인 사항들에 대해서는 흔히 무관심하다.

만일 우리가 심리학과 신학의 통합에 있어서 진전을 이룩하려면, 통찰력이 날카롭고, 정밀지향적인 사람들과 마찬가지로 넓은 개념들을 종합할 수 있는 몽상가적인 사고자를 필요로 하게 될 것이다. 예를 들어 우리가 앞에서 논했던 전문적으로 사람을 도와주는 일을 생각해보자. 전체 분야를 볼 수 있는 사람, 현재 일어나고 있는 일을 평가할 사람, 그리고 비슷한 점들, 다른점들, 위험들 그리고 경향들을 가려낼 사람이 필요하다. 그러나 우리는 역시 엄격하게 비평할 수 있고, 경험적으로 특정한 이론들과 기법들, 그리고 상담에 대한 가정들을 연구하는 사람이 필요하다. 아마도 이러한 두 가지 관점으로 접근하는 방법은 통합의 바퀴에 있어서의 네 번째 부분 심리학적 변증적으로 도와주는 일(psychological apologetic people-helping) - 에 도달하게 될 때 훨씬 더 필요할 것이다.

심리학적 변증적 도움

기독교 변증학의 역사와 발전에 있어서 중요한 인물인 에드워드 존 카넬은 변증학을 "기독교가 이성적으로 옹호될 수 있는가라는 물음에 대하여 답변을 해주는 신학분야"라고 정의했다. 변증가 카넬은 교회에 의해서 "그리스도, 구원, 성경의 진리성"에 대하여 제기된 비평적 반대에 대하여 답을 하여 주도록 위임을 받았다. 변증학의 목적은 이중적이다. 즉 하나님께 영광을 돌리는 한편 비평가들로 하여금 하나님 앞에서 회개하지 못한 것에 대하여 변명할 수 없도록 하는 것이다. 카넬은 또 하나의 다른 목적을 암시하고 있는데, 이는 신앙과 도덕적 표준이 회의적이고 기독교에 대하여 비판적인 불신자들에 의해서 자주 공격당하는 기독교인들을 강하게 만들어 주는 것이다.

역사적으로 이러한 공격들은 철학, 생물학, 그리고 자연과학 등의 다양한 학문의 분야에서 있었다. 그러나 최근 몇년 동안에 전장(battle ground)이 사회과학쪽으로 옮겨진 것처럼 보인다. 서해안에 있는 큰 주립대학의 과학분과위원장이며 생물학자인 나의 기독교인인 친구가 평범한 말 가운데 이러한 견해를 나타냈다. 그는 이렇게 말했다. "내가 만일 다시 시작한다면 생물학을 하지 않고 심리학을 할 것이다. 왜냐하면 그곳은 과학과 기독교 사이에 실제적인 전쟁이 벌어지고 있는 곳이기 때문이다." 비슷한 견해가 최근에 "사자의 굴로부터 나온 견해 : 세속대학의 강의실 안에서의 심리학과 기독교의 통합"이라는 제목의 논문을 쓴 심리학자 매리 스튜어트 반 류벤에 의해서 표명되었다(1977).

심리학과 기독교가 상충되는 많은 영역들이 있다. 그러한 반대 영역들은 "심리학적 변증법"의 용어로 답변된다. 이러한 학문적 영역들에서는 신학자들, 변증학자들, 그리고 심리학자들이 그들의 기술들과 관찰들을 공동으로 제출하여야 하며, 광범위한 확장 접근법이 깊고 파고드는 분석과 결합되어야 한다. 과도한 단순화(그리고 중요한 것을 생략해버리는 것)의 위험을 무릅쓰고, 주요한 주제들이 있다고 주장하고 싶다 : 그것은 모델들의 영향, 심리학에 있어서의 성경의 위치, 종교적인 경험의 문제다.

모델들의 영향

우리가 복잡한 주제를 이해하는 것을 돕기 위해, 과학과 종교는 유추 혹은 모델들에 의존한다. 모델이란 그림, 혹은 너무 복잡해서 바로 이해하기 어려운 것을 조그맣게 복사한 것이다. 과학자들이 모델을 가지고 일을 할 때, 그는 어떤 문제나 대상이 우리에게 익숙한 어떤 것과 어떻게 닮았는가를 보여줌으로써 사물을 단순화 시키려고 노력한다. 예를 들어 청사진은 큰 빌딩의 모델이고, 축구 경기의 그림은 축구장에서의 행동에 대한 모델, 그리고 수학적인 공식은 화학반응이 일어날 때 어떻게 되는가는 모델일 수 있다. 모든 경우에 있어서 모델은 단지 실체의 부분적인 그림일 뿐이다. 모델을 만드는데 있어서 우리는 문제 혹은 대상들의 중요한 요소들만을 선택하고 그밖의 모든 것들은 간과한다.

성경은 영적인 실체에 대한 개념을 전달하기 위하여 모델들(흔히 유추라는 말로 불린다)을 사용한다. 예를 들어 양과 목자, 가지와 포도나무, 혹은 병아리와 암탉 등의 용어로 사람과 하나님의 관계를 묘사하는 일은 더욱 분명하게 이해할 수 있도록 우리를 도와주는 모델들을 사용한 것이다.

심리학도 역시 이해를 분명히 하기 위하여 모델들을 사용한다. 도로를 나타낸 지도와 모형지도는 둘 다 유용하지만 지리에 대한 다소 제한된 그림만을 제공한다. 그처럼 심리학적인 모델들은 각각 유용하지만 인간존재에 대한 제한적인 관점만을 제시하는 것이다. 행동주의는 행동을 바라보는 한가지의 모델 혹은 방법이지만 그것은 단지 모델일 뿐 반드시 최선의 것은 아니다. 같은 말이 심리분석, 인본주의, 실존주의, 그리고 다른 각각의 심리학적인 접근법에도 적용될 수 있다. 인간행동의 모든 유형들은 몇 가지의 증명될 수 없는 가정들에 대한 신뢰 위에 세워진 것이다.

이 모든 일들이 통합과 무슨 관계가 있는가? 반 류웬에 의하면 대부분의 세속적인 이론가들은 그들의 모델이 유일하게 정확한 실체라고 가정하며 따라서 학생들에게 그에 상응하게 가르친다. 그러나…

> 학생은 언젠가 모든 "인간의 모델" – 그것이 행동주의적인 것이건 정신역학적인 것이건, 또는 인본주의적이건 혹은 무엇이든지 간에 – 들은 어떤 가정들에 대한 신뢰와 다른 이론들을 배제하는 증거의 유형으로부터 시작되고, 그렇지 않았다면 그 모델에 의하여 묶이게 될, 매혹적이고 지적인 예속상태를 깨뜨려주는 방향을 향하여 먼 길을 온 것이라는 점을 인식하게 된다. 만일 어떤 교사가 계속해서 심리학의 다양한 이론들과 기법들이 본질적인 실체로 가는 돌파구가 아니고 오히려 실체(심지어는 단지 그것의 부분적인 조각)와 비슷한 것이라고 반복해서 말한다면 – 그때 나는 확신을 가지고 그 교사야말로 예수 그리스도의 이름을 언급할 필요도 없이, 샤퍼의 말을 빌리면 매우 전략적인 "복음전도의 전(前)단계"의 한 부분에 참여하고 있다고 말할 수 있다. 왜? 그것은 인간의 모든 모델이 불완전하고 피할 수 없는 가정들에 대한 신뢰에 기초를 둔 것이라는 것을 인식하고 있는 학생은 계시될 수 있는 진리가 있다는 가능성을 받아들이는 일에 훨씬 더 가까이 접근해있고, 역시 그러한 가능성을 믿음으로 받아들이는 일에 훨씬 더 가까이 접근해있고, 역시 그러한 가능성을 믿음으로 받아들이고 있으며 실체를 묘사하는 일에 힘을 다 써 버리지 않는다. 그럼에도 불구하고 그것은 인간의 행동을 이해하는데 있어서 본질적인 요소다… "인간 모델" 전략 이후 심리학의 가르침은 그러한 제한적인 심리적 경향들을 세분하며, 비기독교인인 학생들에게 그러한 가능성을 보도록 해주는 효과를 가지고 있다(1976).

심리학과 기독교 신학 사이의 학문적인 많은 갈등들은 인간 모델이 "옳다"는 것에 대한 논의로부터 온다. 학생들은 "환상의 미래"(The Future of an Illusion, 프로이드, 1927), "과학과 인간행동"(Science and Human Behavior, 스키너, 1953), "자유와 존엄성을 넘어서"(Beyond Freedom and Dignity, 스키너, 1971), 혹은 "왈덴 투"(Walden Two, 스키너, 1948)와 같은 책을 읽고 인간의 기독교적인 모델은 지지받을 수 없는 것이라고 결론을 내린다. 그러한 잘못된 사고들은 반 류웬이 주장했던 대로 도전 받아야 할 필요가 있다. 이것은 심리학적 변증학의 한 부분이 되어야 한다.

심리학에 있어서의 성경의 위치

수년 전 헤롤드 린젤은 "성경을 위한 싸움"(The Battle for the Bible, 1976)이라는 제목이 붙은 매우 논쟁거리가 될만한 책을 출판했다. 그는 이 책에서 성경의 무오류성은 이 시대에 있어서 가장 중요한 신학적인 주제라고 주장하여, "우리가 성경이라고 부르는 책 안에 있는 기독교의 유일하게 진실하고 의존할만한 원천"이라는 기본적인 전제를 말함으로써 책의 서두를 시작하고 있다. 린젤의 책은 갈채와 논박을 받았으며 토론의 대상이 되었고, 그가 사용했던 용어 "전투"라는 말이 암시하는 모든 것은 그 책에 맞는 제목이었다.

나는 심리학자로서 기술적인 노련미나, 적어도 어떤 범위 안에서, 적의 있고 권모술수가 난무하는 전투 속에서 현재 되어 가고 있는 일을 이해하는 그러한 점들에 있어서는 부족한 점이 있다. 그러나 기독교 심리학자로서 우리는 인식론, 권위 그리고 성경 계시의 진정성에 대하여 분명한 사상들을 주어야 한다고 나는 믿는다. 이것이 우리로 하여금 변증학으로 밀고 간다. 심리학은 이러한 제목의 주제에 대하여 기독교를 공격하고, 어떤 기독교인들은 반대로 심리학을 공격하면서 이러한 주제를 다루어 왔다.

심리학에 관한 논의의 가장 중요한 점에, 성경이 심리학을 시험하는 궁극적인 권위인가, 혹은 심리학적인 통찰들과 결론들이 우선하며, 성경적인 가르침은 현대의 문화적 혹은 심리학적인 이해를 재해석한 것인가하는 것이 문제로 남아 있다.

복음주의 신학 협회(Evangelical Thelogical Society)에 소개된 글 가운데서 맥퀼켄(1975)은 독립적으로 이러한 주제에 대하여 언급했다. 그는 주제(그림 6에서 보는 대로)의 다섯 가지 수준들을 분명히 하면서 수준이 더 높아지면 높아질수록 학문분야에 대한 성경의 "기능적인 통제"도 더 커져간다고 주장했다.

당신은 심리학이 두 번째로 높은 수준이라는 점에 주목하게 될 것이다. 그 주제는 - 인간들의 속성과 인간관계 - 는 너무 광범위하게 성경의 주제들과 겹쳐지기 때문에 성경은 심리학에 대하여 많은 통제를 시행할 수 있는 역할을 부여 받아야만 하는 것이다. 성경이 심리학의 교재라고 주장할 수는 없기 때문에 인간의 속성과 행동에 대한 이해는 "경험적인 연구와 실험에 의하여 확장"되어야할 것이다. 그럼에도 불구하고 심리학(특히 동물심리학에 반대되는 인간심리학)에 대한 성경의 통제는 지대해야 할 것이다. 이와같은 견해에 의하면, 이러한 연속체의 높은 수준에서는 성경과 학문적 분야에서의 주제들 간에 최대한으로 겹쳐지는 부분이 있고, 갈등이 최대한으로 잠재되어 있다는 사실을 발견하게 되는 것은 놀라운 일이 아니다.

맥퀼킨(1975)은 그의 입장을 분명하게 효과적으로 주장한다.

"성경의 권위 아래 선다"는 말이 행동과학자들에게 의미하는 바는 무엇인가? 그것은 모든 인간의 속성, 다른 사람과 그의 창조주, 그리고 피조물과의 관계를 어떻게 형성해야 하는가 하는 방법 등에 대한 기본자료들이 성경으로부터 나와야 한다는 것을 의미한다. 성경이 언급하지 않은 영역은 논리적으로 연구되고 유보된 잠정적인 이론으로서 잠정적으로 활용되어야 한다. 그러나 방법과 결론들에 있어서 갈등이 있을 때에는 계시된 진리 앞에 머리를 숙여야 한다. 그러나 만일, 예를 들어 성경을 해석하는 원리인 성경 해석학이 문화 인류학적인 관점이나 자연주의적 심리학의 관점으로부터 나온 것이라면, 성경은 더 이상 최종적인 권위가 되지 못한다. 문화적인 상대주의, 환경결정론 그리고 다른 반성경적 개념들이 스며들고 점차적으로 지배하게 될 것이다…다음에 오게될 20년 동안 성경의 권위에 대한 가장 큰 위협은, 문화적 혹은 심리학적 해석을 통하여 뒷문으로 성경의 내용을 몰래 가지고 들어오는 동시에 성경의 영감과 권위를 공격하는 신학자에게 대항하여, 정문을 지키기 위하여 시종 선한 양심을 가지고 바리케이드를 치는 행동적인 과학자들이다.

물론 이러한 일은 이미 일어나고 있다. 널리 보도된 심리학 연구를 위한 기독교협회(CAPS)의 회합에서 나는 악령론에 대한 패널 토의를 주재하게 되었는데, 심리학자이며 복음주의자임을 고백한 연사 한 분이 눈에 보이지 않는 악령의 영역이 존재하는지에 대한 그의 의구심을 표명하면서, "성경시대에 유행했던 가정들"보다는 대신에 경험적이고 과학적인 연구와 조사들이 악령에 대한 우리의 결론을 결정해주어야 한다고 주장했다. 이러한 결론은 밤까지 계속된 열띤 논쟁을 이끌었다. 그것은 계속되는 논쟁이며, 심리학적 변증법 혹은 통합에 관한 더 넓은 주제 토론에서 직면해야만 하는 논쟁이다: 즉 성경은 정말로 권위 있는 것이며 심지어는 심리학을 능가하는 것인가? 다시 한번 맥퀼킨(1975)은 단호하게 이 주제에 대하여 말하고 있다.

그림 6
기능 통제의 수준

맥퀼킨(1975) 자료에서 인용

기능통제수준	서술	예
I (최고)	주제가 성경과 완전히 겹쳐지기 때문에 통제한 그 개념들이 성경에서만 나와야 한다는 것을 의미한다.	신학 기독교 철학
II	성경과 겹쳐지는 부분이 많아 비록 완전하지는 않지만 주요 내용이 성경으로부터 나와야 하고 경험적 연구와 실험에 의하여 확장된다.	심리학 사회학 인류학
III	성경과 겹쳐지는 부분이 적다. 주요내용이 성경으로부터 나오고, 그 해석과 적용문제가 성경의 판단아래 놓이게 된다.	역사 예술
IV	성경과 직접적으로 겹쳐지지 않고 주요내용이 완전히 자연으로부터 나오지만, 성경진리와 조화를 이룬다.	물리학
V (최저)	주요 내용이 성경과 관계가 없다	타이핑 혹은 다른 손기술들.

우리는, 의식이 있고 이론적인 수준에서는 권위를 부여받았지만, 행동과학적인 방법은 무비판적으로 사용함으로써, 무의식적으로 행동과학적인 방법의 지배를 받고 있는 사람들에 의해 성경의 권위가 광범위하게 실추될 위기에 처해 있다. 어떤 학문분야에 대한 성경의 기능적인 통제는 성경과 그 밖의 다른 성경적인 개념들을 사람의 마음 속에서 통합함으로써 이루어져야만 한다.

과학자들과 신학자들의 위원회가 결코 이러한 통합을 성취할 수 없다. 성경부 바로 옆에다가 인류학부를 짓는다고 해도 역시 그 일을 이루어 내지 못한다. 오직 사람의 마음 속에만 다른 개념에 영향을 끼치는 다른 한 가지 개념의 기능적인 권위가 생겨날 수 있다. 신학교 바로 옆에 심리학 학교를 가지고 있다는 것은 성경이 실제적으로 심리학자들의 작업을 통제할 것이라는 것을 의미하는 것은 아니다.

신학자들은 심리학에 대한 미숙한 개념들을 이론화하고, 심리학자들은 신학적인 자료들을 심리학에 있어서의 자신들의 세련된 기초 위에서 선택한다. 비록 성경학자들과 밀접하게 일을 하지만 ― 실제로는 아마도 함께 일을 하기 때문에 ― 행동주의적인 과학자들은 성경으로 채색된 베니어판을 전체적으로 자연주의적 경험주의의 범주로부터 나온 건축재료들 위에 갖다 붙이기 위하여 성경본문을 사용하는 경향이 있을 것이다. 신학자들과 행동주의 과학자들 사이에서 계속되는 상호작용은 매우 바람직하며, 하나님의 사람들을 위하여 좋은 결과들을 낳게 될 것이다. 그러나 그렇게 도움이 되는 상호작용과는 다른 것으로서의 진정한 통합은 양자의 능력을 모두 갖춘 사람들에 의해서 성취되어야 한다는 것이 나의 주장이다.

복음적인 심리학적 ― 변증가는 성경이 심리학 보다 상위의 권위를 가지고 있다는 신조에 헌신되어 있어야 한다. 그는 역시 심리학, 신학, 그리고 변증학에서 인정을 받을 수 있는 사람이어야 한다. 그것은 유감스럽게도 사람들이 거의 충족시키기 어려운 조건인 것이다.

종교적인 경험의 문제

세속적인 심리학자가 기독교를 비판할 때 그러한 도전은 흔히 종교적인 경험으로부터 시작한다. 물론 프로이드는 종교적인 경험을 심리학적으로 재해석 했다.(1927, 1928). 그리고 프롬(1950, 1966), 프랑클(1975), 그리고 논란의 여지가 있는, 윌리엄 사간트(1957, 1975)라는 이름을 가진 영국의 정신과 의사를 포함하여 수많은 다른 사람들도 그렇게 했다.

이러한 저술가 및 이와 유사한 저술가의 주장은 매우 설득력이 있다. 그들이 관찰한 것중의 많은 부분에는 진리가 있다. 그리고 심리학적으로 혹은 변증학적으로 순진한 독자들은 이에 쉽게 휩쓸림으로 말미암아 종교는 단지 허구적인 상상일 뿐이라는 주장에 도달하게 되고, 나아가서 두려움을 완화시키고 스트레스 가운데서 안정을 얻으려는 목적으로 종교를 사용하게 된다.

기독교인들도 결점들을 가지고 있다는 점을 인정하도록 하자. 많은 기독교인들의 행동이 신경증적이다. 우리의 결론들 중 몇몇은 지적으로 빈약한 방법에 의하여 내려진 것들이다. 많은 사람들은, 그들이 문제들에 대하여 책임감있게 대처하지 못하는 것에 대한 버팀목과 변명으로만 유일하게 종교를 사용한다. 우리의 몇몇 종교적인 행동과 믿음들은 무의식적으로 자극된 것으로 사실상 근거없는 것일 수 있다. 우리는 모든 것들을 싹쓸어 일반화하고, 결론들을 한 두 사람의 주관적인 경험("증거들")에 의하여 지원 받으려 하는 경향이 있다. 우리는 너무나 자주 설교자들의 선포를 "말씀"을 설교한다고 주장하는 이유 하나만으로 무비판적으로 받아들이고 있다. 이 영역과 비슷한 영역에서, 종교적인 경험들에 대한 심리학적인 비평을 분명히 우리가 진지하게 고려해야만 할 의미 있는 주제들을 제기하고 있다.

그러나 비평가들 자신이 흔히 편견, 싹쓸어서 과도하게 일반화시키는 일, 선택적 지각, 경직성, 자료를 무시하는 일, 그리고 무의식적으로 혹은 검증하지도 않고 반종교적인 전제들을 받아들이는 일 등에 대한 죄의식을 가지고 있다. 프로이드의 찌르는 듯한 비평들은 답변을 제시할 수 있는 것들이다(콜린스를 보라, 1977). 그리고 기적을 도외시하는 사람들의 주장과 종교적인 경험들을 적당히 해석하려는 사람들의 도전들과 마찬가지로, 사간트의 결론들도 대답될 수 있는 것이다(로이드 존스를 보라, 1959).

신학교에서 10여년 간 가르치면서 나는 종교적인 경험에 대한 심리학에서 신학적 혹은 심리학적 관심을 별로 보지 못하였다. 왜 사람들은 종교적인가? 왜 우리는 다른 교회들을 더 좋아하고 다른 종교적인 경험들을 추구하는가? 왜 어떤 사람들은 건강하고 성숙한 종교(알포트의 용어를 빌리자면, 1950)를 가지고 있고, 반면에 다른 사람들은 미성숙하고 신경증적인 신앙체계와 종교적인 행동을 발전시키고 있는가? 확실히 밀과 그의 동료들은 죄·양심, 그리고 개종(혹은 기적, 믿음의 치유, 마귀숭배, 방언, 그리고 기도 등을 추가할 수 있을 것이다)과 같은 주제들에 친숙하지 않은 사람과, 기독교 신학 그리고 세속적인 행동과학 사이의 지각 있는 친선관계를 수행하는 일조차 할 수 없는 사람을 추론하는 일에 있어서 정확했다.(1958, p. 5). 종교적인 경험은 심리학적인 변증학과 심리학 그리고 기독교와의 통합에 있어서 중요한 문제 영역이다.

개방적으로 사람을 도우는 일

몇달 전 어떤 존경받는 나의 동료가 나의 사무실에 들러서, 성경적인 설교를 통한 상담에 관한 책을 공동으로 저술하는 것에 관심이 있는지를 나에게 물었다. 나는 "강단으로부터 개방적으로 사람을 도우는 일"이 적절한 제목이라고 말했다. 그리고 비록 우리는 그 후에 그러한 책을 만들지 않기로 결정했지만, 그 주장은 나의 생각을 자극하기에 충분했다.

오늘날 개인적인 문제를 가지고 있고, 도움을 필요로 하지만 결코 상담자를 찾아 가지도 않고, 목회자의 실제적인 도움을 얻지 않으며, 자기를 이해하는 친구들로부터 올 수 있는 위로와 지도를 경험조차 하지 못하는 사람들이 많이 있다. 때로는 소용없는 상담자들도 있다. 그러나 어떤 사람들은 불안정, 거부에 대한 두려움, 어리석음, 불확실성, 또는 문제를 가지고 있는 사람들에 대하여 비판적인 신학으로 인하여 혹은 돈이 없어서 도움을 회피하기도 한다. 이러한 사람들에게 도움의 유일한 근원은 책, 인기 있는 논문들, 테이프, 설교, 세미나에서 소개된 것들, 라디오·텔리비젼 프로그램, 혹은 다른 비인격적인 자원들이다. 자신의 문제에 대하여 전문적인 도움을 구하는 사람들일지라도 흔히 그들의 상담자들이 소개한 논문들이나 테이프에 의하여 도움을 받는다.

사람들을 도우는 일에 대한 이러한 공적인 접근법들과 가깝게 제휴하는 것은 현재 전국을 휩쓸고 있는 자조(self-help) 프로그램들이다. 미국에서만 50만 이상이 자조 단체들, 셀 수 없이 많은 순회 세미나 강사들, 그리고 많은 책과 프로그램이 최근에 나타났다. 알콜 중독자, 마약중독자, 도박꾼, 노인, 지진아의 부모, 정서장애자, 흡연자, 과식하는 사람, 참전 용사, 자살하려고 하는 사람, 자기 정체성 문제로 어려운 일을 당하고 있는 사람, 배우자를 잃은 부모, 그리고 그 외의 많은 사람들을 위한 기구들이 있다. 우리는 효과적으로 말하는 법, 체중 줄이기, 속독, 강하게 주장하는 법, 그리고 일단의 다른 개인적인 유익들을 가져다 주기로 약속하는 프로그램들을 가지고 있다. 책들은 가장 좋은 친구가 되는 법, 고민을 극복하는 법, 성공하는 법, 그리고 심지어는 고민을 극복하거나 스트레스로부터 유익을 얻는 법 등에 대해서 말하고 있다.

전문가로서의 나의 경력 안에는 솔직히 그러한 인기 있는 접근법을 비판하고, 그들 모두가 지나치게 단순화하고 쉽게 해석하는 잠정적으로 해로운 것이라고 비판했던 때가 있었다. 그러나 그렇게 공개적으로 도와주는 일들이 항상 해로운 것만은 아니라는 사실을 알게 되었을 때 나의 견해는 바뀌기 시작했다. 때로는 그것이 매우 유용할 것이다. 인기 있는 접근법들을 비평하거나, 악의는 없지만 심리학적으로 순진한 강사들과 작가들에게 남겨두는 대신에 전문가들인 우리가 훈련받은 사람들이 하는 일들을 보충해주기 위하여 효과적이고 인기 있는 접근법들을 발전시키도록 시도해야 한다.

인기 있는, 자조운동에 관한 책과 논문이 겨우 최근에야 나타나기 시작했다(가트너와 라이스만, 1977: 카츠와 벤더, 1976). 그러나 이러한 분석의 초기 단계에서 우리는 적어도 세 가지의 질문을 해야할 필요가 있다: 인기 있는 자조 프로그램들이 왜 생겨나는가? 그러한 프로그램들은 효과가 있는가? 그것들이 통합 주제와 어떤 연관성이 있는가?(당신은 내가 여기에서, 공개적으로 사람들을 도와주는 일 중에서 가시적이고 최근에 인기 있는 본보기로서, 자조 프로그램들에 초점을 맞추고 있음을 알게 될 것이다.)

왜 자조 프로그램인가?

수년 간 사람들은 책들과 인기 있는 강사들, 그리고 이웃들에 도움받아 왔다. 그러므로 자조 운동은 1970년대나 1980년대의 독특한 것이 아니다. 그럼에도 불구하고 최근에 자조 운동에 있어서 특별한 관심의 물결이 일고 있는 것 같다. 그리고 이러한 이유를 생각해보는 것은 재미 있는 일일 것 같다. 1960년대에 우리는 사회적 불안과 사회 문제들을 경험했다. 민권, 반전운동, 언론의 자유, 그리고 반문화 운동의 시작이 대학 내에서의 범죄와 소란, 도덕성의 퇴락, 가족단위의 붕괴와 마찬가지로 우리의 관심을 차지했다. 많은 사람들이 분명히 정부와 학술, 과학, 그리고 교회에 대해서까지도 신뢰를 상실했는데, 아마도 그러한 점에서 "만일 다른 사람들이 우리들을 도울 수 없다면 우리들 스스로가 자신을 도와야 한다"는 생각들이 발전되어 왔다. 그러한 자조 행위들은 경제적이고 분명히 효과적이며 손쉽게 도움을 주는 것임에 입증되었다. 이러한 것과 함께 최근에 어떤 작가가 "자기 개선을 위한 미국인의 충동"이라고 이름붙인 것도 있다.(헤링거, 1977) 우리들은 휴식이 없기 때문에, 적어도 일시적인 안정감과 희망을 추구하면서 이런 저런 자조 방법에 의지해왔다. 이러한 프로그램들 중 많은 것들이 빠른 성공에 대한 약속을 제하고 있는데, 물론 이것은 무엇이든지 빠른 것을 추구하는 이 사회의 사고방식과 일치하는 것이다.

기독교인들이 이 모든 것들을 초월하고 주 안에서 안식을 누리며, 자조 프로그램의 일시적 유행 분위기에 사로잡히지 않는다고 생각하는 일은 위로가 되는 일일 것이다. 그러나 유감스러운 것은 이러한 일이 사실이 아니라는 것이다. 기독교 서적의 판매는 항상 높은 실적을 유지하고 있는데, 가장 인기 있는 책들 중 어떤 것들은 바로 실제적인 도움을 주는 책들이다.

이 모든 것들이, 이 분야의 몇몇 작가들(가트너와 라이스만, 1977; 그릴리, 1976; 헤닝거, 1977)이 언급한 것처럼 자조 운동은 쇠퇴하고 있는 비효과적인 "구식의 종교"들에 대한 반응으로 나타나는 것이라고 하는, 우리에게 혼란스러운 결론을 가져다 주고 있다. 가족, 이웃, 공동체, 그리고 교회는 힘을 많이 잃어가고 있는 것처럼 보인다. 사람들은 다른 곳에서 해답과 도움을 찾고 실제적인 도움, 보장된 성공, 그리고 특정한 행동 공식이 가져다 주는 어떤 약속에 재빨리 그리고 열정적으로 반응하고 있다. 기독교인들은 대일 카네기의 프로그램 혹은 자기 주장을 강화하는 훈련 프로그램에 대하여 회의를 가질지 모르지만, 그들은 자신들이 하는 일을 "입증"할 수 있는 증거들에 의해서 지원되고 성경적이라고 알려진, 그리고 동료 그리스도인들이나 교회 지도자들에 의하여 보증된 프로그램을 쉽게 받아들이고 있다.

자조프로그램은 효과적인가?

이러한 질문에 대한 최적의 대답은 아마도 "가끔은 그렇다"라는 것일 것이다. 그 효과는 많은 경우에 있어서, 프로그램의 유형과 많은 사람들에게 소개되는 방법, 그리고 그 프로그램을 고수하고 사용하는 개인의 능력에 달렸다. 몇몇 자조 프로그램에 대한 조사연구에서 두 명의 연구자(페리와 리차드, 1977)들은 몇 가지의 재미있는 결론에 도달했다: 만일 우리가 프로그램을 활용할 수 있는 기회가 주어질 만큼 오랫동안 고수하고, 자기발전을 기록하기 위하여 자기감독과 같은 기술들을 사용하며, 자신들에게 동기부여를 하기 위하여 자기보상의 기술들을 사용하거나, 광범위하고 다양한 접근법들을 사용할 수 있다면(그래서 한 가지 방법이 실패한다 하더라도 계속 사용할 수 있는 다른 방법이 있다면) 우리가 자신을 돕는 일이 가능하다. 덧붙여서 나는 가장 성공적인 개방적으로 사람을 돕는 방법은 아직 다른 "체계"들의 요구나 삶 속의 압박들에 의하여 압도되지 않고 자조원리를 적용할 만큼 심지가 굳은 사람들에게 온다고 생각한다.

물론 사람들로 하여금 스스로를 격려하게 하는 어떤 운동 안에는 위험한 요소들이 있다. 심도 깊은, 도움 또는 특별한 전문가의 도움이 필요한 사람이 자신의 문제들을 스스로 해결할 수 있다고 쉽게 쉽게 결론을 내릴지도 모른다. 그러나 그들의 문제는 더욱 악화될 것이다. 만일 사람들이 성공에 대한 어떤 공식을 적용하는 일에 실패한다면, 그는 실패로 말미암은 죄책감 혹은 부적감이 혼합된 원초적인 문제를 그대로 가지게 될 것이다. 우리 중의 많은 사람이 최근에 있었던 인기 있는 세미나 후에 그러한 영적인 불구상태 - 특히 만일 그 지도자가 인기 있는 자조 서적에서 보았던 것과 같은 무성한 약속들을 제공했었다면 - 를 겪게 되었다. "내가 확신하고 있는 단 한 가지 일은 낙심할 필요가 없다는 것이다.… 당신은 이 책에 있는 공식들을 사용함으로써 다시 낙심하게되는 일을 피할 수 있다."고 그 저자는 기록했다. 그러한 약속은 그 책을 읽었으나 여전히 낙심하고 있는 사람으로 하여금 영적 황폐상태에 있도록 할 수 있다.

자조 프로그램은 통합과 관련이 있는 것인가?

심리학과 신학이 모두 사람들을 성숙하게 해주고 문제에 직면하여 성공적으로 대처하게 하며 삶의 어려운 문제들을 다루게 하는 일과 관계가 있다. 그러나 다시 한번, 세속적 심리학자들과 기독교 심리학자들은 우리가 문제를 어떻게 다루어야 하는가에 대한 가정에 있어서 차이가 있다. 인간의 잠재력을 믿고 또 어떤 초자연적인 힘으로부터 우리가 독립되어 있다고 확신하는 인본주의적 심리학은 개인들과 단체들이 자신들의 문제를 해결해야 한다고 생각한다. 수년 전 이러한 내용을 담은 노래가 있었다.

그 노래는 "당신은 도움을 필요로 하십니까? 당신은 도움을 사용할 수 있나요?"라고 묻고는, 그에 대하여 답하면서 "나는 이 일을 나 혼자 충분히 해낼 수 있답니다. 도움은 필요 없어요!"라고 말한다. 이와 대조적으로 기독교인들은 "모든 일을 할"수 있지만 그러나 그것은 "능력주시는 자" 안에서만 가능하다고 믿는다(빌 4:13). 그리스도는 강하게 하시고, 붙들어 주시며, 우리를 다른 형제들이나 자매를 통해서 (심지어는 비기독교적인 전문가를 통해서까지도) 인도해 주신다. 그리고 우리는 인격적인 하나님께서 우리를 돌보시고 우리의 삶에 관여하신다고 생각한다. 우리는 문제를 해결하는데 있어서 혼자가 아니다.

도와주는 기술들에 있어서의 많은 것들이, 개방적으로 도와주는 일이나 자조(self help)에 대한 기독교적이거나 세속적인 접근법에서 사용되고 있다. 이것은 우리 모두가 효과 있는 방법들을 사용하고 싶어 한다는 점을 고려하면 놀랄일이 아니다. 그럼에도 불구하고 어떤 기독교인 강사들과 저술가들은 심리학적인 방법들을 비평하고, 그러한 방법들을 더욱 종교적인 용어로 재정의하며 그들에게 지위를 부여하기 위하여 한 두 가지 성경 귀절로 포장해 버린다. 그리고는 이러한 "새로운" 발견들을 마치 독특한 것이거나 한 것처럼 옹호한다.

심리학과 신학 모두에 관심을 가지고 있는 기독교인은 훨씬 더 정직해야 한다. 그리고 그는 개방적으로 사람을 도와주는 일과 그와 관련된 자조 운동의 영역에 있어서의 적어도 세 가지의 도전에 대하여 반응하여야 한다.

첫째, 우리에게 능력주시는 분이 그리스도이시며, 주님께서 그들의 짐을 그분 앞에 가지고 오는 사람들을 붙들어 주시고, 하나님의 말씀은 그것이 인간의 필요와 문제에 적용될 때조차 능력이 있다는 것을 분명히 드러내주는, 공개적으로 도와주는 일(서적, 논문, 구두 메시지, 또는 자조 프로그램등)을 통한 접근법을 발전시켜야 한다. 만일 하나님의 말씀이 우리의 삶과 일과 다른 사람들을 도와주는 노력 속에 반영되지 않는다면 하나님의 능력에 대하여 말하는 것은 값싸고 공허하다.

그러나 우리의 공개적인 도움은 역시 심리학적으로 건전하다. 우리는 세속적인 동료들에 의하여 발견되고 그 효용성이 증명된 많은 기술들의 유익성을 인정해야 한다. 동시에 우리는 성경의 가르침과 모순되지 않은 기술과 목적들을(분명하게 효과가 있다손 치더라도) 옹호해서는 안된다. 덧붙여서 우리의 공적인 상담과 자조법들의 효용성에 대하여, 형통에 대한 무성한 주장들을 피하고 정직하고 현실적인 주장을 해야 한다. 또 그러한 프로그램의 발전은 신학적이고 심리학적인 통찰력을 포함해야 한다.

사람들을 도와주는 개방적인 방법에 있어서의 통합에는 두 번째의 도전이 있다. 우리는 평신도들, 심리학적으로 훈련을 받지 않은 교회 지도자들로 하여금 충고와 자조 프로그램들을 받아들이도록 도와주어야 한다.

사도행전 17장에 언급된 베뢰아 사람들을 기억하고 있는가? 그들은 사도바울의 말을 조심스럽게 경청하고, 집에 가서는 바울이 전한 말들이 정확한가 알아보기 위하여 성경을 찾아 연구하는 "신사적인"(noble-minded) 사람들로 묘사되어 있다.

학문의 세계에서 우리는 항상 이러한 비평적인 분석을 할 수 있다. 그러나 교회안에서는 이런 일이 드물게 일어난다. "만일 그것이 강단이나 기독교적인 서적에서 나온 것이라면 그것은 틀림없이 사실"이라고 많은 사람들은 생각한다. 그리고 하나님의 말씀들이나 혹은 다른 개인적인 체험들이 그러한 생각의 타당성을 입증하는 증거로서 받아들여지게 된다. 이렇게 무분별하게 받아들이는 것을 막기 위하여, 우리는 평신도들에게 인기 있는 충고나 공적인 가르침들을 평가할 수 있는 방법을 가르쳐 주어야 한다.

그러나 만일 그렇게 가르침을 받거나 훈련을 받지 않았다면 평신도들이나 기독교 지도자들이 어떻게 그것을 평가하고 선택할 수 있을 것인가? 이러한 훈련은 심리학이나 신학 모두에 있어서 전문가적인 식견을 가진 사람을 대상으로 시작되어야만 한다. 현대의 인기 있는 기독교 심리학에 대한 훈련과 비평은, 비록 그것이 피상적인 설명이나 어떻게 할 것인가하는 공식, 또는 쉬운 해답을 제시하는 일을 좋아하지 않는 사람에 의해서 좋은 평가를 받지는 못하는 것처럼 보일지라도 필요하다.

우리는 세 번째의, 그리고 아마도 가장 어려운 도전에 대하여 언급해야 할 일이 남았다. 우리는 자조 개념이 기독교와 잘 부합하는지 어떤지에 대한 신학적 심리학적 주제와 씨름해야 한다. 성경은 하나님을 의지하는 일과 그리스도의 몸 안에서 다른 사람들을 서로 돕는 일을 고무하고 있다. 성경 안에는 "네 스스로 그것을 하라"고 하는 것과 같은 내용은 없다. 그러나 성경은 완전히 의존하지 않는 것이나 구원받을 때를 가만히 기다리는 자세에 대해서도 옹호하고 있지는 않다.

어떤 기독교적인 자조 접근법은 세 가지의 근본적인 가정을 받아들이는 것으로 보인다. 첫째, 우리는 문제를 해결하는 일에 있어서나 혹은 발전을 위한 개인적인 노력에 있어서 결코 혼자가 아니다. 전지전능, 무소부재하신 하나님이 역시 우리의 필요를 알고 계시다. 그래서 그분은 스스로를 돕는 자를 도와 주신다. 둘째, 하나님은 항상 교회를 통하여 일을 하신다는 것을 인정해야 한다. 이러한 치유 공동체로서의 교회의 개념은 이전부터 언급되어 왔던 것이며 성경 안에도 거듭 반복되어 강조되고 있는 것이다. 셋째, 우리는 성경 윤리의 영향을 인식해야만 한다. 성경 속에는 사랑의 개념으로 대치할 수 있는 신학적인 지침이 있다. 그리고 그것은 사람을 도와주는 일과 자조 – 사역을 포함하는 행위의 지침을 제공하고 있다. 예를 들어 다른 사람들에게 강하게 자기 주장을 할 수 있는 방법, 혹은 "1등이 되기를 추구하는" 것을 가르쳐주는 자조 프로그램들은 거의 기독교적이라고 말할 수 없다. 이러한 것들은 자기 중심적이고, 이웃을 내 몸과 같이 사랑하라고 하는 성경의 요구와 모순된다.

개방적으로 사람을 도와주는 일은 상담 전문가의 영역에서는 거의 주의를 받지 못한다. 그러나 이것은 심리학과 신학의 통합에 관심을 가지고 있는 사람에게는 고려해 볼 만한 중요한 영역 중의 하나다.

예방적으로 도와 주는 일

정신과 의사 제럴드 캐플런이 "정신병 예방의 원리"(*Principles of Preventive Psychiatry*, 1964)를 출판했을 때, 저자는 전문 상담직이 개인들의 문제를 예방하는 일에 대한 관심과 그에 대한 프로그램들을 발전시켜야 한다고 주장했다. 물론 아직 일어나지 않은 문제를 예방하는 일에 도움을 받기 위하여 상담료를 기꺼이 지불하려는 사람은 거의 없다. 사람들은 이미 존재하고 있는 어지러운 문제를 위하여 상담료를 지급하려 할 뿐이다. 직업적, 목회적, 그리고 동료 상담자들은 그들의 거의 모든 관심을 현재 존재하고 있는 고통에 맞춘다. 그리고 흔히 예방을 "우리들은 모두 그런 때가 있다면 어떻게 할 것인가 – 그리고 그런 때가 있을 것이다"하는 주제의 범주 안에 귀속시킨다.

어떤 사람들이 예방 조처를 위하여 시간을 쓰고 있고, 이것이 우리가 지금 공동체 정신건강운동으로 알고 있는 일의 중요한 부분이 되어있다는 사실을 인식하는 일은 좋은 일이다. 확실히 교회는 공동체의 중요한 부분이며, 문제들이 좋아지는가 악화되는가 하는 문제에 중요한 관계를 가지고 있다. 이미 앞에서 언급했던 혼전 상담, 가족으로 하여금 건전한 방법으로 슬픔에 대처하게 하는 일, 어려움에 빠지게 될지도 모를 성인들을 위한 창조적인 프로그램을 발전시키는 일, 나이든 사람들로 하여금 은퇴 후에 예견하고 준비하게 하는 일 등 – 이러한 일들은 교회가 미리 예방적 차원에서 능동적으로 관여할 수 있는 일들이다. 캐플런의 서적이 나온 지 얼마되지 않아 클라인벨(1965)은 어느 독창적인 책에서 지역교회의 모든 사역이 – 예를 들어서 예배, 교제, 찬양, 그리고 젊은이들을 위한 프로그램 – 교회회원들의 정신건강을 위해 공헌할 수 있고 문제에 대한 예방조처가 될 수도 있다는 것을 증명했다. 웨스트버그 와 드레퍼(1966) 그리고 휘틀록(1973)은 역시 이러한 주제를 다루었는데, 오늘날까지 교회 안에서나 교회를 통하여 이러한 일이 이루어지도록 우리에게 분명한 동기부여와 방향을 제시하도록 충분히 주의를 환기시켜준 사람은 없었다.

얼마 전에 어떤 목회자가 교회 갱신에 대한 많은 책들이 나왔다고 말하면서 "그들 중의 절반은 교회를 세우거나 재건하기 위하여 아무 일도 하지 않았던 학자적인 사람에 의해서 쓰여졌다"고 불평했다. 아마도 약간 비슷한 비난이 교회가 예방 영역에서 무엇을 해야 할 것인가를 말해주려고 하는 어떤 심리학자에게게도 던져질 것이다. 모든 교회들은 여러 가지 점에서 독특하며 개성있는 목회자나 간사들에 의하여 인도되어 진다.

그러나 이런 점에도 불구하고 심리학이나 신학 - 특히 교회론에 있어서 - 에 대하여 높은 식견을 가진 사람들은, 실제적인 방법으로, 교회가 치유와 잠재적인 문제에 대하여 더 많은 관심을 가지는 사랑의 공동체가 될 수 있는 방법을 결정하는 일에 시간을 더 많이 쏟을 수 있다고 생각된다.

결 론

심리학과 신학에 있어서의 어떤 논의에 있어서도 교회에 초점을 맞추어서 결론이 내려져야 한다고 나는 주장한다. 그리이스어 $\varepsilon\kappa\kappa\lambda\eta\sigma\iota\alpha$는 항상 "교회" 혹은 "교회들"로 번역되는데 신약성경에 115회 나타나며 항상 신자들의 집단을 지칭하고 있다. 그 단어는 때때로 수세기 동안 지구에 흩어져 있는 기독교인들의 "우주적인" 몸을 지칭하기도 하는 반면에, 지역의 모임 속에서 함께 만나는 신자들의 집단에 자주 쓰인다. 신약성경은 건물을 교회라고 말하지 않는다. "교회"라는 말은 예수 그리스도 안에 있는 신자들을 언급하는 말이다.

예수님은 승천하시기 전에 마지막으로 그의 제자들에게 모든 족속으로 제자를 삼으라(마 28:19 - 20)고 가르치셨다. 그 말씀 속에는 두 가지의 강조점이 있는데 복음전도와 교육이다. 많은 성경학자들의 의견으로는 하나님은 지금 그의 성령을 통하여 세상에서 사람을 부르시고, 그들에게 예수 그리스도를 소개하며 새로운 신자들을 교육, 성장, 그리고 교제를 위하여 그리스도의 몸 속으로 모우신다.

우리들이 아는 바와 같이 교회는 수년 동안 이러한 목적들로부터 이탈해왔다. 초기의 마녀사냥과 십자군은 거의 대위임령을 수행하지 못했음을 보여주고, 더욱 최근에는 몸된 교회가 행하는 정치적인 활동들은 적어도 신학적, 성경적인 명분을 충분히 가지고 있지 못하다. 유감스럽게도 심리학은 혼란시키는 힘을 가지고 있다. 예를 들어, 목회상담운동은 어떤 교회들로 하여금 복음전도와 교육이 두번째 자리로 밀려 나도록 했고 상담이 첫째 자리에 앉게 만들었는데, 이는 성경적인 우선순위를 뒤바꾸어 놓은 일이다.

신부와 사회학자의 관점으로 쓰여진 논문 속에서 일관하여, 그릴리(1976)는 심리학이 교회를 큰 영향력으로 휩쓸었다고 기록했다. 그 책의 여러 곳에서 "치료 집단들은 예배를 대치하고, 주말을 휴양기간으로 맞이하며, 민감성 훈련이 명상으로 대치되고 있다. 카톨릭 오순절주의의 기도처에서는 행동조절 기법이 공동체를 함께 유지하는 실마리로서 거룩한 규칙과 정경의 율법을 대치하고 있다. 프로이드는 예수를 대체하지 않았지만 예수는 프로이드처럼 생각되기 시작한다."(P.225). 이 글에서 서술되는 용어들은 다르지만 이 중의 많은 부분이 복음주의 교회를 포함한 현대의 프로테스탄트 교회에도 해당된다.

"관계신학"이라는 용어는, 외관상 신학과는 관계없이 보이는 것이라기 보다는, 오히려 사람과 인간관계에 초점을 맞추려고 하는,

교회 안에서 일어나는 최근의 움직임들을 묘사하는 말이다. 하나님의 인간을 다루시는 위대하신 방법과 인간존재(구속, 부활, 칭의, 중생, 성화 등)에 대한 설교와 가르침에 대하여 더욱 전통적인 강조를 두는 "화해신학"(Transactional Theology)은 개인적인 문제를 가지고 있는 사람들에게 도움을 주는 일을 많이 하지 않았다. 목사들은 건실한 신학을 가지고 있는 기독교인들이 그럼에도 불구하고 그들의 사업에 있어서 비윤리적이고, 신경질적이며, 사람들과 잘 사귀지도 못하다는 것과, 이혼율이 점점 늘어가고 우울증, 염려, 고독, 혹은 성적 절제력의 결핍 등의 문제와 싸우고 있다는 점을 발견했다. 비록 절망은 아니라 할지라도, 좌절 속에서 많은 신자들이 성경에 기초하고 있다고 하지만 인간의 필요에 민감한, 심리학적으로 통찰력 있는 관계 신학에 더욱 의지해 왔다는 사실은 놀라운 일이 아니다.

이것은 통합에 관심을 가진 사람들에게 중요한 주제다. 왜냐하면 관계신학은 화해신학에 있어서의 명백한 실패로부터 크게 기인한 것이지만 역시 심리학에 있어서의 최근의 촉발적인 관심에 의하여 촉진된 것으로 보인다. 그러므로 교회에 있어서의 심리학의 영향과 관계신학의 발생이 많은 기독교적인 범주들(예를 들어 바아버, 콜웰, 그리고 스트라우스, 1975와 스미스, 1975를 보라)에 있어서 토론과 경종의 원인이 되어왔다는 것은 놀라운 일이 아니다.

람(1972)은 화해신학의 위험성에 대하여 몇 가지를 말했다.— 심리학자들, 신학자들, 교회지도자들을 믿고, 평신도들은 주요한 신학적인 교의나 현대 심리학의 통찰들을 배제하지 않고 극복하도록 노력해야 한다고 믿는 믿음이다.

위험 1: 화해 신학에 있어서의 진리는 잃어버리게 될지도 모른다. 우리는 하나님의 "권능과 기사와 표적"(행 2:22)으로 구원을 받았다. 사람 사이의(화해)신학은 크신 화해 위에 기초해야만 한다.

위험 2: 심리학에 대한 관심은 결국 기독교의 진리와 기독교적인 관심을 빼앗아 간다. 목사는 강단 심리학자가 됨으로써 하나님의 말씀을 전하는 목회자가 되지 않게 될지도 모른다.

위험 3: 심리학에 대한 관심은 우리를, 모든 가치관이 심리학적이고 인본주의적이며 모든 중요한 가치관과 관점들을 실존으로부터 정의하는, 인본주의자가 되도록 개종시킨다(p. 22).

아마도 이러한 위험들은, 특히 세 번째의 위험은 실체보다 더욱 분명하지만 그것들은 우리에게 중대한 반영에 대한 이유를 제공한다.

심리학은 여기에서 머물러야 한다. 심리학은 교회 안에서나 밖에서나 우리 모두로 하여금 자신과 다른 사람들에 대하여 보다 큰 이해를 할 수 있도록 해주며, 사람을 도와주는 일에 더 큰 효과를 가져다 주는 학문의 분야다. 확실히 거기에는 문제점들과 비진리, 그리고 비성경적인 면이 있다. 기독교인으로서 우리는 심리학을 무비판적으로 받아들이거나 수용할 수 없고, 교회를 온통 심리학적으로 분석하는 일에 동의할 수도 없다. 기독교인과 교회는 제자를 만들라는 명령을 받았다. 이것은 우리의 가장 중요한 책무지만, 그 책무의 한 부분으로서 우리는 서로를 세워주고 손을 뻗어 다른 사람들을 도와 주어야 한다. 성경에 의하여 점검되고 교회를 섬기는 일에 유익하게 활용되는 심리학은, 성령에 의하여 교회가 그 주요 기능을 유지하는 일을 도울 수 있고, 지금도 활용되고 있다고 나는 믿는다.

나는 실제적인 연관성이 없는 화해신학을 반대한다. 역시 성경적인 기초가 없는 관계신학도 반대한다. 둘 다 균형 잡히지 않은 신학이다. 우리가 필요로 하는 것은, 성경과 화해교리에 견고하게 기초하고 있지만 상처입고 힘들어 하고 있는 사람들, 잃어버린 사람들, 그리고 그리스도의 치유와 도움을 필요로 하는 사람들의 그 필요에 대하여 민감한 신학과 교회다. 이러한 방향으로 움직이는 것이 기독교 심리학자들과 신학자들의 함께 지향하는 목표가 되어 주기를 바란다. 그것이 이러한 통합에 관한 전체주제의 가장 중요한 점이다.

개인적인 추신

이러한 글을 쓰고 그 내용을 생각해 보는 일은 나에게 있어서 반성과 재평가를 하게 하는 도전적인 시간이 되었다. 나는 지적으로 통합에 관한 임무를 수행하는 것을 나의 의무로 삼고 있다. 그러한 일이 나의 연구와 저술과 가르치는 일에 반영되기를 바란다. 그러나 무엇보다도, 나의 신학과 심리학이 분리되어서 서로 영향을 미치지 못하는 구분된 영역이 되지 않고 나의 삶가운데서 통합되기를 바란다. 이것은 어떤 사람들이 예수 그리스도에게, 그리고 성경적이고 심리학적인 원리를 개인적으로 적용하는 일에 헌신되어 있다는 것을 보여주는 삶의 양식으로, 대개가 도달하기 어려운 고상한 목표다. 나의 가족, 가까운 친구, 그리고 특히 나는 이러한 목표에 도달하기가 얼마나 어려운가를 잘 알고 있다. 그러나 나는 매우 중요한 이유로 이 추신을 더하고 있다. 심리학과 신학의 통합은 중요한 지적인 도전이라고 믿는다. 나는 통합이 실제적으로 적용될 수 있도록 이루어져야 한다고 믿는다. 그러나 한 걸음 더 나아가서 통합은 통합자들의 마음과 행동 안에서 시작되고 반영되어야 할 것이다.

제 4 장
통합 : 인접자들(adjoiners)

H. Newton Malony

 사전에서는 "adjoin"이라는 단어를 "손이 닿을 만큼 가까운"이라는 의미로 정의하고, 그 용례로 "캐나다는 미국에 인접해있다"와 같은 경우를 들고 있다. 이 장에 있는 사상은 개리 콜린스의 것과는 다르다. 이러한 것들은 "인접한 것들"이다. 다른 말로 하면, 그것들은 콜린스의 개념에 의하여 "접촉된", 그리고 그것들에 응답하도록 뽑혀진 몇몇 학자들의 설명들이다. 이러한 것은 멀리 떨어진 곳에서 온 메시지가 아니다. 오히려 그들은 상호 영향을 미치는 "인접한 것들"이다. 우리는 콜린스 모델의 날카로운 비평을 긍정한다. 그러나 그 경계를 확장하고 그 중요성을 풍성하게 하려는 바램 속에서 건설적으로 그것을 비평하려고 한다. 우리는 실로 "손이 닿을만큼" 가까이 있다. 그러나 주목해야할만큼 다르지는 않다.[1]

이러한 설명들은 다음의 주제들을 제기하고 있다:

사회적 – 문화적 용어로 성경적 권위의 본질을 재고하는 일이 심리학과 신학사이의 더욱 의미 있는 통합의 가능성을 높여줄 것인가?
어떤 종류의 현대 문제들 중에 통합을 향한 노력들을 포함시킬 수 있는가?
심리학과 신학의 상호관계를 위하여 고려해 볼 만한 선택 모델이 있는가?
통합을 분명한 심리요법 도해(paradigm)로 설명하는 일이 실제적으로 가능한가?

사회 – 문화적 전망[2)]

콜린스는 심리학과 신학이 "비슷한 주제에 대하여 빛을 비춰주는, 분리된 독특한 두가지의 분야들"이라고 했다. 콜린스는, 비록 의심할 여지없이, 사람들이 살고 있는 환경의 중요성을 인정했지만 그것에 대하여 언급하지는 않았고, 그럼으로써 암시적으로 문화의 영향력을 낮게 평가했다.

많은 학자들은 심리학과 신학의 관점들을 통합하여, 인간의 행동 이해에 대하여 보조를 같이 할 수 있는 길이 없다는 견해에 동의할 것이다. 그러한 통합은 인간이 문화적인 영향을 벗어날 수 없는 존재라는 근본 전제를 간과하기 때문에 부적절한 것이다. 인간 내부의 영적 상태는 하나님, 그리고 본질적인 자기 중심성으로부터 온 혼란을 반영한 것이라기 보다는 사회적 환경을 반영하는 것이다.

인류학은 콜린스가 잊고 있는 "잠자는 사람"(sleeper)이다. 오로지 심리학과 신학이 인류학에 의하여 정보가 보충되어 질 때만 통합은 부분적인 수준이상으로 이루어질 것이다. "마음"은 이미 이루어진 실체 - 타고날 때부터 완전히 형성된 것 - 가 아니다. 오히려 마음은 형성되는 것이며, 사회적 영향력의 산물이다. 모든 인간의 행동은 변함없는 것이라기 보다는 문화적 요인에 따라 변화될 수 있는 것이다. 만일 어떤 사람이 인류학적인 관점을 빠뜨리고 있다면, 단지 소수의 인간들 사이에서 볼 수 있는 것을 가지고, 인간의 상태를 통틀어서 일반화 시켜 버리고자 하는 유혹에 빠지게 된다.

예를 들어, 힌두교인들은 그들이 브라만과 동일시하는 하나님에 대한 콜린스의 기본적인 전제를 받아들일지 모른다. 그러나 그들은 완전히 다른 추론과 가정의 체계를 세우는 일이 전혀 모순없는 일임을 주장할 수 있을 것이다. 그림 7은 이러한 대안을 설명해준다.

경험주의가 아닌 신비주의에
의해 얻어진 지식

전적인 상대주의 -
절대적인 것을 부정

타락하지 않은 인간

도덕적 결정주의(카르마)가
모든 현실 속에 충만

초월적인 "하나님" 부인
초자연주의의 거부

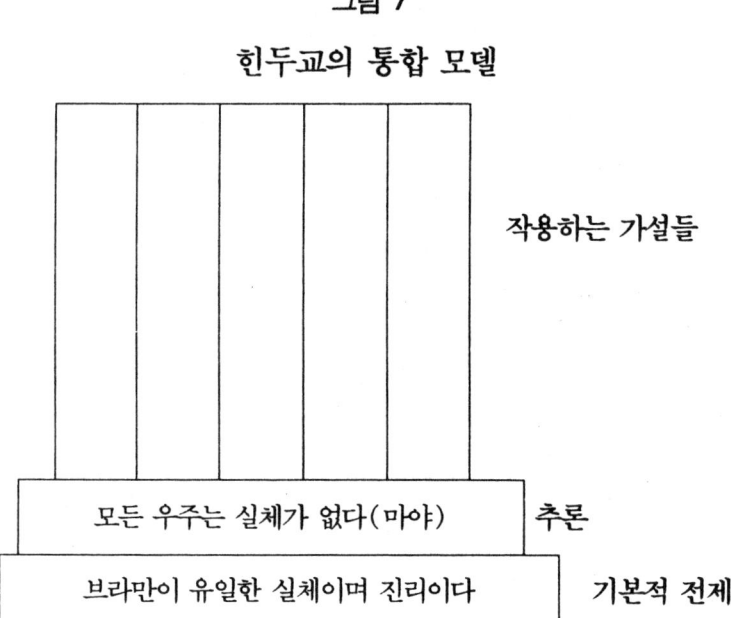

그림 7
힌두교의 통합 모델

이것은 명백하게 이원론적인 서구의 지적 전통으로부터 나오는 모델과는 근본적으로 다른 것으로 쉽게 생각될 수 있다.

이러한 주제에 있어서 실제적으로 가장 중요한 부분은, 콜린스가 그의 도식안에서 성경을 사용하는 자세라고 할 수 있다. 그는 하나님이 "성경(계시된 진리)과 자연을 통해서" 말씀하신다고 한다. 그러나 만일 성경을 통하여 하나님께로부터 나온 진리가 심리학이나 인류학을 통해서 나온 진리와 구별된다면, 하나님을 모든 진리의 근원으로 말하는 것은 매우 유용하지 못하다. 아마도 다음의 도표가 이러한 차이점을 분명하게 설명해 줄 것이다.

그림 8은, 어떤 사람이 신학과 심리학의 관점만을 통합하려할 때 필연적으로 나타나게 될 불완전성에 대하여 반복적으로 말하고 있다. 만일 인류학적인 자료가 역시 받아들여질 수 있다면, 실제적인 통합이 이론상 세가지의 원이 겹쳐지는 곳에서 일어날 것이라고 주장할 수 있게 될 것이다. 어떤 오류있는 가정이 고의적으로 이러한 도표 속에 포함되어 있다. 심리학에 의해서 제공된 경험적인 자료가 서구인들의 관찰에 의해서 많이 주물러진 결과라는 사실을 주목하라. 그리고 인류학에 의해서 제공된 경험적인 자료도 역시 개인, 사회, 그리고 세계속에 퍼져있는 문화들을 관찰하여 마찬가지로 주물러진 결과로 나타난 것이다. 분명히 이러한 경험적인 자료(심리학에서 나온 것이건 인류학에서 나온 것이건)에 숙달되는 것은 경험있는 관찰자의 직관, 이성의 자유로운 활용, 연상력, 그리고 지속적으로 축적된 자료의 권위에 의해서 적지 않게 영향을 받는다.

그림 8

콜린스 모델

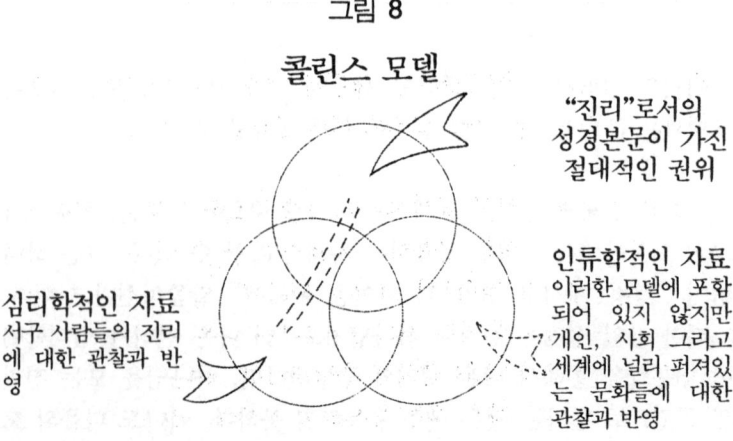

"진리"로서의 성경본문이 가진 절대적인 권위

심리학적인 자료
서구 사람들의 진리에 대한 관찰과 반영

인류학적인 자료
이러한 모델에 포함되어 있지 않지만 개인, 사회 그리고 세계에 널리 퍼져있는 문화들에 대한 관찰과 반영

제 4 장 통합 : 인접자들(adjoiners)   105

그러나 성경이 "자료은행"속에 포함될 때 통합의 과정 속으로 긴장이 찾아들게 된다. 콜린스가 주장한 대로, 만일 성경의 증거가 조사와 관찰을 통하여 모아진 자료들과는 다른 것으로 간주될 때, 이러한 긴장은 필연적인 것이다. 복음주의적 가르침의 신빙성과 정통성을 주장하기 위한 바램으로, 콜린스는 성경의 최고 권위를 계속해서 주장한다. 그는 말하기를 "성경은 모든 다른 사람들이 점검받아야 할 우리의 근본적인 원천이다"라고 했다. 모든 자료들은 "성경지향적"이어야 한다. 성경은 "모든 심리학적인 행위들이 집중되고, 그것에 의해서 우리의 심리학적인 결론들과 기법들이 점검받아야 하는 확고한 핵심이다." "성경은 기준이 되어야 한다." 우리는 "심리학 안에 있는 성경과 반대되는 요소들"을 조심스럽게 뿌리 뽑아야 한다.

다음의 도표는 성경과 심리학 사이의 이러한 관계를 나타내 보여준다.

여기에 콜린스가 옹호하는 통합의 유형을 설명해주는 시도가 있다. 그는 "진리"와 "진리"를 구분하며, 실험에 의하여 다양한 자료들이 다른 원천(어떤 것은 계시적인 것이고, 다른 것은 경험적인)으로부터 나오면 기독교인 심리학자와 비기독교인 심리학자 사이에는 긴장이 존재할 수밖에 없다는 점을 인식한다. 이러한 모델에 있어서는, 성경이 하나님의 권위를 보여주며, 역사의 흐름 밖에 계신 초월적인 하나님과 같은 것이다. 성경의 주장과 본문은 문화적으로 제한되지 않는다. 즉 그들은 경험적인 상황밖에 있고 단지 거대한 타격을 입히고서야 그가 옹호하는 통합의 과정 속으로 내려올 수 있을 뿐이다.

콜린스는, 점차적으로 인기를 더하고 있지만 논쟁의 여지가 많은, 성경은 계시적인 진술로 구성되어 있다고 하는 논제를 고집하고 있는 듯이 보인다. "성경은 각각에 '진리'라고 하는 표지가 붙어 있고, 필요한 모든 것들과 무오한 계시를 갖추고 있는 문장들의 집합체다. 하나님의 말씀은 오류 있는 인간들이 무오하게 사용할 수 있는 성경으로 오셨다. 이 말씀은 이스라엘 사람들(구약성경에서)과, 오늘날에 존재하는 문화들과는 관계가 없는, 어떤 사도적인 교회의 교파에게(신약성경에서) 주어진 우리의 믿음과 행동에 대한 법칙의 혼합체이다."

실제적으로, 성경은 그 자체를 넘어서 하나님을 가리킨다. 그것은 정경적이며 권위 있는 법칙이다. 그러나 "새로운 창조"란 그리스도인들이 지키는 규례를 말한다(갈 6:16). 성경 속에서는 성령이 하나님의 말씀을 증거한다. 그러나 그렇다고 해서 이것이 우리가 성경을 비-역사적, 비-문화적 관점으로 읽을 권리를 가지고 있다는 것을 의미하는 것은 아니다. 인류학자는 성경 자체가 문화적으로 제한되어 있다는 것을 상기시켜 준다. 그 안에는 문화를 초월한, 혹은 문화 밖의 의미에서의 우주적인 것은 아무것도 없다. 단지 하나님만이 절대적이시며, 초문화적이시고 궁극적 원리이시다. 그리고 그의 백성들을 위하여 능력으로 성경 안에서 자신을 드러내신다. 더우기 이러한 행위들은 하나님의 인격과 목적을 나타내 보여 준다. 그렇게 행하고 말하는 가운데 하나님은 자기 백성들에게 그들의 독특한 시대와 문화 속에서 뜻이 통하는 형태와 의미로 자신의 뜻을 나타내신다.

그림 9

하나님은 두 가지 형태의 음성으로 말씀하신다

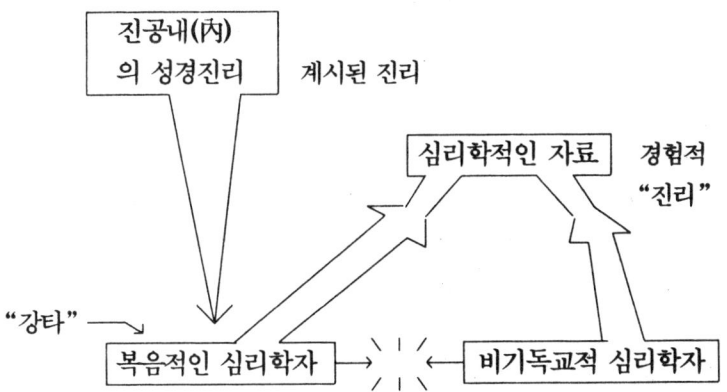

이것은 만일 우리가 오늘날 성경계시의 본뜻을 알려고 한다면 하나님의 행위와 말씀이 그 말씀을 처음 받은 사람들에게 어떻게 이해되었는가하는 것을 찾아내는 어렵고 해석학적인 작업에 자신을 헌신해야만 한다는 것을 의미한다. 그렇기 때문에 우리는 이러한 말씀을 현대인들이 자기들의 문화적인 틀 속에서 이해할 수 있는 명확한 설명으로 바꾸어야 한다. 왜냐하면 우리는 에덴 동산에서의 타락에 의해 현저하게 손상되었기 때문에, 우리가 성경을 해석하고 번역을 할 때에 우리를 인도해줄 성령의 조명을 말할 수 없는 정도로 필요로 하게 된다. 심지어는 그 때에도 우리는 겨우 "유리를 통하여 보는 것처럼 희미하게 보게되고, 우리의 지식은 기껏해야 "부분적"(고전 13:12)인 것일 뿐이다. 성경이 우리의 믿음과 행동에 있어서의 무오한 법칙이라는 확신을 가지고 있다고 해서, 우리 자신을 성경을 사용하는데 있어서 무오한 사람으로 간주해서는 안된다. 실로 성경에 대한 우리의 이해는 심리학자가 경험적인 연구를 통하여 수집한 자신들의 자료에 대하여 이해하고 있는 것과는 같지 않다. 그들이 이러한 자료들을 사용하는데 있어서 무오하지 않듯이, 우리도 성경을 이해하거나 적용하는 일에 있어서 무오하지 않다.

이와 같이 성경은 그 권위를 성경본문으로 전달하려고 하지 않는다. 성경본문은 단지 경험적인 자료일 뿐이며, 기독교인들은 하나님과의 만남을 통하여 그들이 "진실한" 진리를 경험하도록 부름을 받았다. 단지 성경안에 나타나는 예수님과의 실존적인 접촉을 통해서 기독교인들은 성경의 권위 안으로 들어가기 시작하는 것이다.

요약하면 그림 10과 같다.

그림 10

하나님은 한 가지 음성으로 말씀하신다.

역사 밖에 계시고 문화를 초월하신 하나님
"진리"

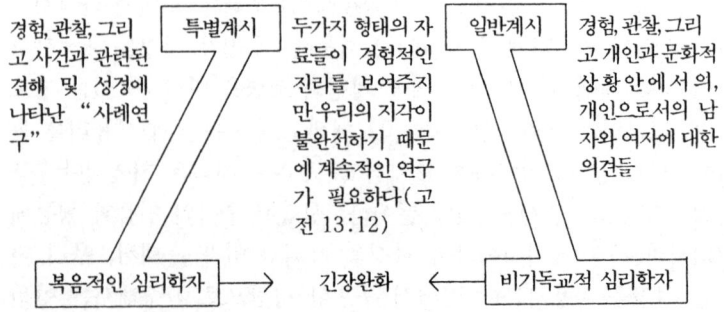

성경을 읽는 것은 심리학자들이 실험실에서 연구하는 것과는 다른 경험적인 행위이다. 만일 복음주의적 심리학자가 성경에 이런 방법으로 접근한다면, 그는 비기독교인인 심리학자의, 자신의 조심스러운 관찰과 인간현장에서의 축적된 경험들로부터 나온 권위에 필적하는 권위를 가지게 될 것이며, 단지 그렇게 할 때만 한 가지의 목소리로 말씀하고 계시는 하나님을 발견하게 될 것이다. 실로 보다 더 큰 이 자료의 기반(database)은 필연적으로 심리학에 대한 비기독교적인 관점을 무효로 만든다. 더우기 성경의 경험적인 자료에 대한 우리의 계속되는 시험은 역시 우리가 일찌기 무오한 것으로 간주했던 많은 신학적인 관점들을 무효한 것으로 만든다.

그러므로 사회-문화적인 관점에서의 교정책은 근본적인 것이다. 그것은 단지 심리학과 신학만을 고려하는 곳에서는 전혀 불가능한 통합의 방법을 가능하게 만든다. 우리는 그러한 사회-문화적인 부가물이 필수적이라고 생각한다. 적어도 여기서 하나님은 한가지의 목소리로 말씀하시고 신성과 세속사이의 균열은 극복된다.

현대의 문제[3]

그의 초기 저서에서(1977), 콜린스는 통합이 요청되어야할 오늘날의 주제는 파산 상태의 심리학, 자족신학(self-satisfied theology), 그리고 완전히 의심스러운 가정 속에서 통합된 과학이라고 주장하는 것처럼 보인다.

콜린스는 현대 과학이 경험주의를(우리는 단지 우리가 경험한 것만을 믿을 수 있다) 타당한 것으로 가정한다고 주장한다. 상대주의

(절대적인 표준, 주장, 그리고 믿음 대신에, 진리는 관찰자의 사회적인 상황과 관점에 따라 변한다고 한다), 축소주의(모든 행동은 보다 작은 단위로 설명될 수 있다), 그리고 자연주의(인간이 통치자이며, 모든 행동은 자연적인 힘의 결과다)이다.

이러한 전제들에 대하여 주의를 환기하고, 이러한 전제들이 자주 간과되고 있다는 점에 주목하는 것은 중요하다. 그러나 모든 과학자들이 이러한 철학적인 변수들 안에서 그 기능을 다하고 있다거나 그들이 순진하게도 의심없이 이러한 변수들을 받아들이고 있다고 가정하는 것은 이 것과 별개의 문제다. 하븐스(1977)가 그렇게 날카롭게 기록했듯이, 이것은 결코 모든 심리학자들에게 있어서 사실이 아니다. 그러한 입장을 취하는 것은 현대과학을 풍자하는 것이며, 콜린스가 낮게 평가하고 있는 통합을 향한 하나의 접근법인 "강탈접근법"(spoiling the Egyptian)의 다른 형태와 관계를 맺고 있는 것이다. 많은 과학자들(사회 과학자들과 마찬가지로 자연 과학자들과 행동 과학자들)이 그들의 가정들을 재고하고 있다는 사실을 무시하는 것은 스스로 연합을 부인하는 것이다.

예를 들어, 생물학 특히 사회 생물학의 연구에 있어서, 새로운 고찰은 결정론에 대한 넓은 논의를 가능케 한다. 인간은 점점 그의 "진화적인 발전"에 대하여 통제력이 없다는 사실을 인정하지 않으려 한다. 죠니스 샐크는, 어떤 종교적인 동기로 꾸밈없이, 인간의 발전에 관하여 멋있는 이해체계를 제시했다. 그는 우리가 지금 "B시대"로 들어가고 있는 중이라고 주장한다. 이 시대는 "지혜"의 시대다. A시대의 진화론적인 특징은 배제될 수 없는 "합목적성"(fitness)에 있지만, 그러나 지혜에 그 자리를 내어 주게 될 것이다. 진화의 활동은 변경을 허락하지 않는 것이 아니라 사실은 변경될 수 있는 것이다. 그것은 일어날 수도 있고 일어나지 않을 수도 있다. 그리고 그것은 "자연의 놀음"(nature's game)의 한 부분이다. 생물학자들 중에는 유전적인 계승이 단지 우연을 통해 이루어진다든지 혹은 인류는 자신의 진화론적인 과정을 이어받을 자격이 없다든지 하는 점에 있어서는 의견을 달리하는 사람들이 있다. 우리는 자신들이 인식하고 있는 것보다 유전인자에 의해 더 많이 조절되고 있다. 그러나 우리의 유전학적인 지식들은 이 변경될 수 없고 이미 프로그램되어 있는 시나리오 보다는 오히려 "기회 체계"(framework of opportunity)를 제공하고 있다. 유전적인 속성은 적절한 환경속에서는 나타나고, 생물학적인 발전은 유전과 환경 사이의 상호 작용에 의해서 이루어지는 것처럼 보인다. 이것은 상태 생물학과 심리학이, 유전적인 결정론과 관련시켜 볼 때, 전체적인 자유에 관한 의문점에 영향을 미치고 있음을 의미한다. 로렌 아이슬리의 작품(끝없는 여행: *The Immense Journey*)과 앨버트 로젠펠드의 작품(두번째의 창세기: *The Second Genesis: The Coming Control of Life*)은 결정론의 문제가 심지어 과학적인 공동작업에도 불구하고 완결되지 않았다는 점을 보여 준다. 심리학적인 전제로서의 결정론을 배제하는 일은 — 종교적인 근거라기보다는 과학적인 근거에서 — 심리학과 신학의 통합을 위하여 일을 하는 사람들이 바라는 것이 경건하게 성취되는 일이다.

다른 실례는 물질주의적 일원론이 침식되고 있다는 점이다. 이러한 일이 과학적인 연구분야에 있어서 전통적으로 "어렵고" 관념적이었던 물리학의, 이러한 일이 일어날 것 같지 않았던 영역에서 일어나고 있다. 그것은 가장 객관적이고 정확한 과학인 것처럼 보여

왔고 심리학과 사회과학들은 상대적 "부드러운"것처럼 보여왔다. 오늘날 양자역학(quantum mechanics)과 상대성이론은 물리학으로 하여금 진실로 신비하게 보이는 어떤 종류의 지식을 소개하는 역할을 허용했으며, 원자 물리학은 우리가 살고 있는 우주와 소립자의 기본적인 요소는 어떤 제한된 곳에만 존재하는 것이 아니고 오히려 "존재의 경향성"을 보여주고 있다고 말해준다. 이 모든 것은 어떤 "건축용 블록"이 존재한다는 것을 말하는게 아니라 통일된 전체의 다양한 부분들 사이의 거미줄처럼 얽혀진 관계를 말하고 있는 것이다.

마음의 본질은 신비한 것이다. 그러나 마음이 더 이상 존재하지 않는 것처럼 보이지 않는다. 원자 물리학자는 그들이 원자를 묘사할 때 마찬가지로 어렵게 만든다. 만일 어떤 원자가 휴스턴 천측장(astrodome)만큼 부풀리워진다면 핵은 소금 알갱이 크기만큼 될 것이다! 원자 자체는 생각할 수 없을만큼 작다. 만일 오렌지가 지구만큼 커진다면 오렌지의 원자는 버찌 열매만한 크기가 될 것이다. 그러한 세계에서, 직관적인 마음은 이성의 기능만큼 필요하게 될 것이며, 우리의 서구적인 세계관은 그러한 역동적인 균형에 미치지 못하게 된다. 그러나 결정론은, 단지 어떤 사람이 신적 계시를 위하여 그것을 배제함으로서가 아니라, 과학적인 방법론의 수단에 의해서 문제가 제기될 수 있게 된다는 점을 우리는 다시 주목해야 할 것이다.

현대의 상황들을 기본적인 용어로 실제적인 상황보다 오히려 뛰어나게 분석하는 콜린스의 경향은, 과학의 유용성에 의문을 품고 있는 학문적 공동체 안에서 그가 연합을 태만하고 있는 점보다는 아마 더욱 중시되어야 할 점이다. 콜린스의 사고를 유용하게 보완해 주는 것은 길케이(1969)의, 현대 세계를 지배하고 있는 세속적인 분위기에 대한 분석이다. 이러한 단면은 통합에 대하여 저항하거나 별로 관심을 보이지 않는 많은 사람들의 경향을 이해하도록 해준다.

콜린스에 대하여 길케이는 이러한 세속적인 요소들이 (1) 문화적으로 설득력 있고, 과학 안에서 국한되지 않으며 (2) 단지 삶의 배경에 있는 전제가 아니라 사람들의 자기 이해의 전경(前景)에 있는데, 그것들은 불확실성, 상대성, 임시성, 그리고 자율성이라고 주장했다.

불확실성

이것은 우연에 의하여 지배당하는 상태다. 한때에는 사건들의 전개가 과학(예를 들어 밤중에 하는 일기예보, 인플레이션 이론, 자녀양육의 실제등)에 의해서 주어지는 확신속에서, 어떤 예견될 수 있는 자연의 이치를 가지고 있었을지 모른다. 그러나 때가 되면 그러한 자연의 질서나 확신들이 진화되어 왔고, 또 때가 되면 변화될 것이다. 반면에 사건들에는 어떤 이유들(흔히 우리는 인식하지 못하더라도)이 있는 반면에, 이러한 일들이 이유없이 일어나는 경우 즉 우연히 일어나는 경우도 있다.

그러므로 불확실성은 운명으로서 경험된다. 믿음은 어떤 경우에는 운명에 대하여, 특히 우리가 품고 있는 것보다 더 많이 우리의 삶에 대한 의문과 모호성을 경험하게 될때, 어떤 이치를 제공하리고 노력해 왔다. 그럼에도 불구하고 삶속에서는 조리가 결여되고 있는데, 이것이 바로 심리학이 필요한 중요한 이유인 것이다.

심리학이 구체적이고 관찰할 수 있는 "사실들"에 초점을 맞추게 될 때, 사람들에게 일종의 "진리"에 기초를 둘 수 있는 기회를 제공하게 된다. 예를 들어, 문제 행동 들을 추적하고 기록하는 일에 조심스럽게 주의를 기울이는 일과 행동 변화에서 얻어지는 조그만 이익을 위하여 조심스럽게 계획된 "행동 수정 프로그램"(왓슨과 탑, 1972)은 부분적으로는 본질적으로 신학적인 문제에 대한 문화적인 답변으로 보일런지 모른다.

상대성

길케이가 말하는 세속 정신 중심의 현대생활에 대한 두 번째 특징은 상대성이다. 상대주의는 역시 심리학의 요소 중 하나라고 콜린스는 말했다(2977, pp. 82-84). 우리는 진화되고 있을 뿐만 아니라 빠른 속도로 진행되는 사회적 변화, 그리고 우리의 삶에 별로 의미가 없는 일들, 사람들, 그리고 생각들의 급속한 퇴화 등에 의해서 "무력화"되고 있다. 상대주의는 절대적이고 영속적이며 고정된 권위는 없다는 것을 의미한다. 길케이는 말하기를, 그것은 강조점을 "획일성과 동일성에 맞서는 변화, 본질에 맞서는 것으로의 과정, 존재(being)에 맞서는 존재화(becoming), 그리고 타고난 개인의 능력에 맞서는 주변상황"에 두고 있다고 한다(1969, p. 49).

이 마지막 요점은 로터의 사회 지식 이론에서 나타나는 바와 같이, 특별히 인격을 형성해주는 기본적인 도구로서의, 사회적 상황에 대하여 심리학이 강조하고 있다는 점에서 반영되고 있다. 그는 "사회지식 이론의 첫 번째 가정은 인격 연구를 위한 조사 단위는 개인과 그에게 의미 있는 환경의 상호작용이다"라고 말했다(로터와 호히리히, 1975, p. 94). 길케이는 역시 말하기를, 상대주의자는 "개인과 개인행동을 그의 개인적이고 변함없는 본질과 정신의 견지에서가 아니라 그가 생성되어 나온 사회적 관계와의 유대와 그가 설명될 수 있는 용어로 이해하려고 노력한다"고 한다(p. 49). 콜린스가 정확하게 단언한 것처럼 이러한 상대주의는 절대적 진리로서는 도달할 수 없을 것같아 보이는 상황을 만들어 낸다.(1977, p. 84). 길케이가 주장한 바와 같이 절대적이거나 신성한 혹은 변화하고 즉각적으로 주어지는 원리를 초월하여 궁극적인 원리 안에 있는 종교적인 믿음을 위한 기초가 있는 것처럼 보이지 않는다.

일시성

길케이는 이러한 현대문화의 특징을, "형성되어 가고 있고, 모든 것이 변화하며, 모든 것이 통과하는, 그리고 과거로부터 미래로 들어가고, 그래서 모든 영향들이 오고 가며 – 그리하여 모든 것이 소멸되어 가는 것으로, 그리고 실체는 아무것도 없는 것"으로 정의하고 있다(p. 54). 콜린스는 비록 그의 "상대주의"의 근본개념이 이러한 일들과 영향들의 흐름에 대하여 말하는 것은 아니라 해도, 심리학 그 자체를 표현하기 위하여 그에 상당하는 다른 개념을 사용하지 않는다.(1977, p. 82). "이기주의로서의 심리학"에 대한 그의 분석에서, 빗츠는 경험에 대한 그의 강조와 더불어 현대 심리학이 어떻게 문화 속으로 들어오게 되었는가 하는점을 지적하고 있다. 예로서 에르하르드 세미나 훈련(Erhard Seminar Training) 을 들 수 있는데, 그곳에서는 주요목표가 "그들의 능력을 살아있는 경험으로 바꾸는" 일의 참여자를 얻는데 있다(1977, p. 32). 하비 콕스는 당면한 문제를 경험하는 일에 대한 동일한 강조가, 왜 많은 사람들이 되살아 나고 있는 새로운 동양종교에 매혹당하게 되는가 하는 주요한 이유라고 기록했다(1977). 자기 개발, 과정, 형성, 무 매개성, 경험 - 삶의 양식에 있어서 고유한 - 등 이러한 문화적인 집중이 "일시성"을 특징짓는다.

그러면 과거의 영원한 진실성에 근거한 신학에 어떤 일이 있어나 고 있는가? 우리가 현재 논의하고 분석하고 있는, 모든 삶의 "변 전"을 초월하는 믿을만한 어떤 것이 있는가(쉬히, 1974)? 콜린스 는 이러한 경험적 차원은 혼히 심리학의 한 부분이며 심지어는 신 학의 한 부분이기도 하다고 인식하고 있다(p. 45). 그러나 그 현상 은 훨씬 더 광범위한 기초를 가지고 있다. 이러한 일시성은 우리 문 화에 대한 자기 이해의 한 부분이고, 따라서 게리 콜린스의 항변 속 에 있는 "성경적인 근육의 신축(flexing of scriptural muscles)" 이상의 것을 요구하고 있다.

자 율 성

우리의 문화 속에 나타나는 이러한 인간의 특징은, 심리학을 "자 연주의적"이라고 했던 콜린스의 묘사와 가장 근접하게 병행하고 있 는데, 자연주의적이란 "인간은 혼자"이며 그가 어떤 인간이 되는 가 하는 것은 그 자신의 능력에 달린 것이라는 뜻이다.(1977, p. 88). 만일 불확실성, 상대성, 그리고 일시성으로 문화가 특징지워

제 4 장 통합 : 인접자들(adjoiners) 117

진다면 그 양상은 실로 불길하게 될 것이다. 우리의 문화는 자율성의 의미를 어떤 낙관주의도 가능하다고 격려하기 위하여 사용하려고 한다. 왜냐하면 상대적이고 무상한 세계 안에서 확실한 것은 거의 없기 때문이다. 길케이에 의하면, 자율성은 "자신이 진리를 깨우치고, 자신의 존재에 대하여 결단하며, 자신의 의미를 창조하고, 자신의 가치관을 수립하는 권리를 확립하는 것"이다(p. 58). 창조적인 자율성과 종교 사이의 대립(예를 들어 칼 맑스와 같이)은 철학과 종교에 있어서 되풀이 되는 주제가 되어 왔다. "하나님은 존재하시고 모든 진리의 근원이 되신다"(1977, p. 22)는 콜린스의 단순한 단언이 세속적이고 심리학적인 사상에 대한 신학적 반응이 되어야 할 것인가? 자율성뿐만 아니라 문화의 또 다른 특징들의 문화적 침투는 콜린스의 모델에서 분명하게 나타난 것보다 더 복잡하고 개인적인 응답을 요구한다.

여기에서의 주제는 통합이 스스로 말하고 있는 문제점을 다시 정의하는 것이다.

통합에 대한 대체 모델[4)]

이 글에서 하고 있는 세번째의 질문은 심리학과 신학의 통합을 위하여 고려해볼 만한 대체 모델이 있는가 하는 것인데, 그 대답은 아마도 있을 것이라는 것이다.

이 책의 서두에서 콜린스는 통합을 향한 여섯 가지의 가능한 접근법을 열거했다. 이러한 접근법을 논의하는데 있어서 중요한 난점은 통합의 방법론이 통합을 향한 자세와 혼합되어 있다는 점이다.

예를 들어, 콜린스는 심리학과 신학 사이의 갈등은 실제적이기 보다는 허구적이라고 하는 "거부 접근법"의 실천자로 폴 투르니에를 들었다. 그러나 그 접근법은 방법론이라기보다 통합을 향한 자세라고 하는 편이 나을 것이다. 반대로 콜린스는, 심리학과 신학은 우주를 두 가지의 다른 관점에서, 다른 수준에서 본다-심리학과 과학은 둘 다 신학이 서술하는 실체의 다른 면을 묘사하고 있다-고 하는 "분석수준 접근법"의 예로서 리챠드 부브의 저술들을 들었다(p. 24). 폴 투르니어가 갈등이 없다는 자세를 되풀이 하는 반면에 부브의 저술에서 나타난 서술들은 방법론에 더욱 촛점을 맞추고 있다.

비록 어떤 사람의 통합을 향한 자세가 방법론의 선택에 영향을 미친다고 해도, 자세가 방법론과 같을 수는 없는 것이다. 기본적으로 심리학과 신학의 만남을 위한 적극적인 자세는 몇가지의 방법론을 유용하게 해줄지 모른다(예를 들어 콜린스의 "분석수준" 혹은 "통합 모델"등). 루일 하우는 그의 저서 대화의 기적(*The Miracle of Dialogue*, 1963)에서 "대화의 원리와 방법으로서의 대화를 구분하는 것이 필요할지도 모른다…어떤 "대화의 원리와 방법으로서의 대화를 구분하는 것이 필요할지도 모른다…어떤 의사 전달의 방법은 대화 원리의 종이다"고 말하면서 이러한 견해를 표했는데, 그것은 "의미들"과 듣는 사람의 상황에 민감해야 할 것을 나타내는 말이다(p. 40). 하우(Howe)는 의사 전달방법에 충분한 주의를 기울이지 못했지만, 사람이 의사전달 과정에 가져다 주는 자세의 근본적인 중요성에 강조점을 두었다. 이러한 것과 동일한 형태의 관점이, 방법론적인 고려가 사람들이 이러한 계획에 가져다 주는 자세와 기대에 부차적으로 따라가는 통합 계획에 적용될 수 있을지도 모른다. 그러므로 "통합을 위한 전망"을 고려함에 있어서 첫번째의 분석단계에서는 방법론보다는 자세에 초점이 맞추어져야 한다. 이러한 통합계획을 위한 전망들은 아마도 사람들이 일을 수행하는데 사용하는 방법들보다 다른 형태의 자세들에 더욱 의존한다.

그림 11

INDEX로 표시되는
심리학과 신학의 만남을 위한 자세들

종합 자세				정반대의 자세
통합자세	무효화자세	대화자세	논쟁자세	혐오자세
(I)	(N)	(D)	(E)	(X)

콜린스의 접근법들의 목록에 올라가는것
"통합모델"　　　　　"철로 모델"　　　　　"직면 모델"
　　　　"부인(否認) 모델"　　　　"강탈모델"
　　　　"분석수준 모델"　　　　　"재건 모델"

부분적으로 통합에 대한 자세들이 자기가 유용하다고 생각하는 방법들을 결정하는 반면, 사람들은 그들이 다른 방법을 사용할 때 조차도 특별한 자세에 의하여 분류된다.

심리학과 신학의 만남을 향한 각각의 자세들을 이해하기 위한 개요가 아래에 있다. 이러한 다섯 가지의 다른 자세들은 INDEX라고 하는 약자로 표시된다. 즉 통합자세(Integrative attitude), 무효화 자세(Nullification attitude), 대화 자세(Dialogical attitude), 논쟁 자세(Eristical attitude), 혐오 자세(Xenophobic attitude)다.

이러한 자세들은, 왼쪽 편의 통합자세는 심리학과 신학을 종합하려는 자세를 나타내고, 오른쪽의 혐오자세는 심리학과 신학을 반대의 것으로 보는 자세를 타나낸다는 것을 어느정도 보여준다. 이러한 태도분석은 첫번째의 통합에 있어서의 다른 방법론에 대한 논의보다 통합을 위한 전망을 논의할 때 훨씬 더 중요하게 나타난다. 따라서 심리학과 신학의 분야에서 일하는 사람들은 두 가지의 변수, 자세, 그리고 방법론에 따라서 목록상에 분류되게 된다.

"I"는 통합을 향한 자세를 뜻한다.

"통합"(Integration)이라는 단어는 복음적인 기독교인들이 심리학과 신학의 중간지점에서 이러한 것을 계획하는 일을 언급할 때 항상 사용하는 단어다. 풀러 신학대학원의 심리학과는 항상 "독특한 특징" – 심리학과 신학의 통합에 헌신하고 있는 – 을 염두에 두고 있는 커리큘럼을 가지고 있다. 로우즈 미드 대학원의 심리학교수에 의해서 발간되는 '심리학과 신학'지(*The Journal of Psychology and Theology*)는 스스로를 "심리학과 신학의 통합을 위한 복음주의적 법정"과 동일시 하고 있다.

카터와 몰라인의 저술에서 소개되었던 콜린스의 기본 가정인 "통합모델접근법"은 심리학과 신학이 통합될 수 있다 – "모든 진리는 하나님의 진리다. 그러므로 심리학(일반계시)의 진리들은 계시된 진리(특별계시)와 모순되지도 않고 상반되지도 않으며, 전체적으로 조화를 이루어 통합될 수 있는 것이다"(콜린스, 1977, p. 16) -- 는 종합적인 주장으로 나타난다. 카터와 몰라인은 심리학과 신학에 있어서의 서로 다른 인식론, 설명의 초점, 그리고 설명의 수준들을 알고 있지만 여전히 통합을 향하여 안일하게 전진하고 있다.

이러한 자세는 몇 가지 점에서 문제성이 있다. 첫째, "통합"이라는 용어가 정적이며 심리학과 신학에 딱 들어 맞는 용어라는 의미를 포함하고 있는 반면에, 심리학과 신학사이의 만남은 더욱 역동적인 것처럼 보인다. 이 분야에서 일을 하고 있는 사람으로서 폴 틸리히는 자주 자신을, 콜린스가 이 영역에서 일을 하고 있는 사람을 지칭할 때 사용했던 "경계선에 있는"사람이라는 말로 묘사했다. 최근의 글에서 윌리엄 로저스는 심리학과 신학에서의 자신의 일을 표현하는 데 있어서 틸리히의 서술들을 사용했다. 즉 "그러한 경계에 머무르는 일은 불안정하기도 하고 잠정적으로는 매우 창조적인 면이 있지만 역시 때로는 외롭고 약간은 나쁘게 평가되기도 한다. 왜냐하면 고전적인 의미로 우리는 엄격한 심리학자도 아니고 엄격한 신학자도 아니기 때문이다(1977, p. 1). 모호성, 긴장, 그리고 불안정성은 심리학과 신학에서 하는 일을 더 잘 묘사한 것이다. 이러한 통합 자세뒤에 있는 암시는 둘이 잘 접합된 곳에서는 **통합이 이루어지고** 접합이 이루어지지 않는 곳에서는 **통합이 실현되지 않는다**는 것을 암시하고 있다.

둘째로, 이것은 기대하기가 불가능한 통합을 추구하고 있는 사람을 낙심시키거나, 통합 추진자들로 하여금 신학과 심리학에 있어서 전제, 내용, 그리고 방법론이 다르다는 점을 민감하게 고려하지 않고 억지로 통합을 이루려고하게 하는 원인이 될지도 모른다는 것이다. 그러므로 통합은 다소 인위적인 계획이 되고, 더욱 중요한 일은 통합을 추구하는 일이 귀중한 대화와 두 학문사이의 만남을 희생시키게 될지도 모른다는 것이다.

셋째로, 이것은 심리학을 억지로 끌어들이고 신학에 있어서 바람직하지 못한 결과를 초래하게 된다는 것이다. 폐쇄된 근본주의자가 아니고 접근방법에 있어서 문화적으로 개방적인 헬뮤트 틸리케(1974)같은 그리스도인들에게 까지도 그러하다. 틸리케는 다른 진리를 판단하는 규범으로서의 역할을 하고 있는 성경을 가지고 세상에 있는 "하나님의 진리와 사람의 진리"의 통일을 말하면서 쉽게 일반화 시키는 일에 대하여 경고했다. 즉 "하나님과 사람 사이의 관계를 체계적인 실체로 다룰 수는 없다. 하나님과 세상의 실체 사이에는 존재론적인 구별이 있고, 우리가 그들을 하나의 동일한 실체의 차원에서 이해하는 것을 허용하지 않는다(p. 366).

"N"은 무효화하는 자세를 뜻한다.

이것은 심리학과 신학에 있어서 꼭들어 맞는 것을 찾으려는 통합을 제거하려는 자세를 말한다. 대신에 이러한 자세는 이런 말로 표현된다.

"심리학과 신학을 함께 꼭 맞출 필요는 없다. 그 곳에는 실제적인 갈등이 없고 양립이 있을 뿐이다. 각 영역은 동일한 실체를 다른 관점에서 보고 있는 것이다. 그리고 둘 다 어려운 사람들을 도와주는 일을 하고 있다." 긴장과 갈등이 없기 때문에 여기에서는 심리학과 신학이 함께 꼭 한 틀 속에 맞추어져야 할 이유가 없다. 긴장은 무효화되었고 그 학문들은 함께 일을 하며 다른 분석 수준으로부터 실체에 관한 "진리들"을 주장한다. 콜린스의 투르니어(그는 임상적인 견지에서 갈등을 보지 않았다)에 대한 논의와 부브(이론적인 견지에서 갈등이 없다고 보았다)의 접근법에 대한 서술은 이러한 무효화 자세에 대한 두가지의 서로 다른 관심의 영역이 있거나 아마도 두 가지의 다른 방법론이 있는 것이다.

이러한 자세의 유익한 점은 중대한 노력이 심리학과 신학 모두를 적절하게 사용하기 위하여 기울여졌다는 것이다. 그러나 위에서 주장된 것처럼 이러한 통합자세를 채용하는 사람은 부분적으로 종교적인 공동체로부터 역사속에서 오랜 기간 동안 비과학적인 통렬한 비난을 받게 될지도 모른다. 더우기 나는 콜린스가 투르니어의 접근 방법을 임상적인 "과대단순화"라고 비판한 것은 정확한 것이라고 믿는다. 동일한 비평이 부브의 "분석수준" 접근에도 주어질 수 있다. 갈등이 무효화는 개인적인 특질에 대한 다른 견해들과 우리가 어떻게 우리들 자신 및 세계에 대한 지식에 이르게 되는가에 관한 다른 방법론들을 간과한다. 무효화 자세는 화해심을 가지고 신학과 심리학에 접근하고 있지만 "경계선에 있는"것들에 대하여는 민감하지 못하다. 자기 이해가 주로 심리학적인 것으로 여겨지고, 신학적인 언어가 무의미한 것으로 거부 당하며, 단순히 "실체의 다른 수준"으로 용납되지 않는 세속 세계에서는 삶의 긴장에 대한 인식이 거의 없는 것 같다.

"D"는 대화 자세를 뜻한다.

"dialogue"라는 단어는 "생각이나 견해를 바꾸는 것"을 의미한다(웹스터 제 7신(新)대학생용 사전, 1967, sv). 만일 복음적인 공동체가 "통합"이라는 단어를 심리학과 신학사이의 만남을 가져다 주려는 노력을 뜻하기 위하여 사용하려 왔다면, 개신교의 더욱 온건하고 공정한 분야에서는 "대화"라는 단어를 이 분야에서의 자신들의 하는 일을 묘사하기 위하여 사용해 왔다. 신학과 심리학 사이의 대화(호만스, 1968)라는 제목이 붙여진 시카코 대학 신학부로 부터 소개된 글 모음은 이러한 작업 자세의 예인데, 그 자세는 "창조적인 교체"와 상호자극을 기화로 삼는(브라우어, 1968) 반면에 "학문 사이의 경계 지점에" 서게되는 "모험"도 인식하고 있다(호만스, 1968). 현재 작용중인 대화 자세를 묘사한 또 다른 탁월한 참조문으로는 "심리학과 종교: 현대의 대화"(죠셉 하븐스의 주석과 아홉명의 지도적인 심리학자, 철학자, 그리고 두 명의 신학자들 사이의 대화를 편집한 것)가 있다(1968).

비록 거기에는 이러한 자세로 "탐구적인" 단계를 결코 넘어가지 않는 위험이 있다고 할지라도, 그러한 접근 방법은 서로 만나겠다고 하는 고집을 가지고, 혼합된 잠정적 가설, 심리학과 신학사이의 경계선에 불안정하게 위치하고 있다는 인식, 다른 전제와 방법론들 간의 갈등, 그리고 대화에 대한 전반적인 위탁을 제공해 준다. 여기에 있는 중요한 구성요소는 대화자들이, 서로 비평적인 사람들 뿐만 아니라 그들 자신이 존중하고 있는 전통과 상징들의 부적합성에 대하여 자기비평적일 필요가 있다는 점에 대한 인식이다. 심리학자들은 자신들이 하는 일에 있어서 본래의 문제와 단점들을 조심스럽게 살펴볼 필요가 있고, 신학자들은 그들의 "신학들"의 부적절한 부분들에 대하여 민감해질 필요가 있다.

이러한 자기 비평적인 요소는 대화자세에 있어서 가장 중요한 요소이다. 왜냐하면 신학적인 관점으로부터 심리학이 인간의 본성을 주장하는 일에 있어서 신학을 단지 도와줄 뿐만 아니라(콜린스가 인정했듯이), 그 심리학이 역시 신학을 교정시켜 주기도 한다는 가능성을 열어 놓기 때문이다. 이러한 "교정"은 심리학적인 관점에서 나오는 길케이의 견해와 비슷하다. 아마도 정통신학은 문화에 의해서 표현된 요구들과 상징들에 대하여 질문하고 평가를 해야 할 그 때에 문화적 공격에 대하여 답변을 하느라고 너무 바빴다.

"E"는 논쟁적인 자세를 뜻한다.

"eristic"이라는 단어는 "언쟁하기를 좋아하는"이라는 뜻을 의미하는 그리스어로부터 온 것이다(웹스터 제 7신(新) 대학생용 사전, 1967, s.v). 논쟁적인 자세는, 논쟁적인 이유를 따지며 "한 가지 진리"에 대한 다른 주장의 타당성을 토의하는 것으로 특징지어진다. 그림으로 작성된 '자세들의 범위'에 있어서 중간의 오른 쪽에 위치한 논쟁적인 자세는 심리학과 상반되는 관계만 일반적인 어조로 시작한다. 심리학은 특히 사람을 도와주는 실제적인 일에 있어서 유용한 것으로 간주되지만 이론적인 차원에서 조심스럽게 비추어져야 하며 토론되어야 한다.

콜린스가 "강탈 접근법"이라고 불렀던 크랩의 접근법에 대한 묘사와 콜린스 자신의 "재건접근법"은 둘 다 심리학과 신학의 만남을 향하는 논쟁적인 자세를 반영한다. 크랩의 용어 "강탈" (spoiling the Egyptian)은 이스라엘이 압박으로부터 벗어나게될 때 그들의 압제자에게서 광야생활에 필요한 것들을 빼앗아 왔다는 구약성경의 이야기로부터 빌려온 것이다. 그러므로 아마도 신학은 조심스럽게 "심리학 속에 있는 성경에 반대되는 요소들만 제거하면" 심리학으로부터 활용할 수 있는 것을 가져 올 수 있을 듯하다. 심리학에 귀를 기울이는 일에 강조점을 두기 보다는 여기에서의 강조는 심리학을 활용하고 그것을 "무오하고, 영감 받은 계시"의 평가기준에 의하여 시험하여야 한다는 점에 강조점을 두고 있다.

엄격하고 성경의 진리에 대하여 자기비평적이 아닌 주장으로 크랩은 자신을 기본적으로 논쟁적인 심리학에 대한 방어자세를 취하고 있다.

그밖에 콜린스는 하나님의 진리가 아닌 가설들과 성경적인 절대주의 그리고 기독교 초자연주의처럼 그뒤를 따르는 가정 위에 심리학을 재건하는 일에 주의를 집중하고 있다. 예를 들면 콜린스는 "성경적인 절대주의"가 행동을 인도하기 위하여 발견될 수 있고, "초자연"은 행동에 있어서 중요한 암시를 가지고 있다고 한다. 콜린스는 거의 그의 주장을 완화하지 않는다. 그의 위치는 명백하게 나타난다. 그리고 그의 관심은 단지 기독교적인 전통에 속해 있다는 이유 때문에 진리라고 믿는 심리학에 나타난 진리를 반대하는 데 있는 것이다. 신학은 표현과 상징적인 소개와 함께 자신의 문제들에 더 유의하고 기본적인 의미에 대한 상징이 심리학적인 세속 세계에 대하여 더욱 주의깊게 귀를 기울이는 것이 필요하다.

기독교 신앙에 있어서의 견고한 기초는 이러한 많은 학문 분야와 관계가 있는 영역에서 하는 일에 있어서 중요하다(우리는 이러한 개념들을 강화시키준 콜린스에게 감사할 수 있다). 그러나 성경적인 권위에 대하여 자기비평에 대한 강조를 하지 않는 일, 외부적인 타당성(의미)에 주의를 기울이지 않고 성경의 내적인 타당성에 대한 방어적인 주장을 하는 일, 그리고 신학과 더불어 심리학과 문화의 문제에 대하여 민감해지는 일은 단지 실제적인 결론을 맺지 못하는 서로 갈등을 일으키는 전제에 대한 논쟁만을 불러 일으킬 수 있다.

"X"는 혐오자세를 뜻한다.

"Xenophobia"는 "낯선 일들과 외국인들, 혹은 낯설거나 이국적인 것에 대한 두려움과 증오심"으로 정의된다. 신학과 심리학의 이런 분야에서 — 신학적 관점으로 볼 때 — 혐오증은 심리학에 대한 반감과 유일하게 진실하고 의미있는 존재의 상징들로 옹호되는 신학적인 범주로 움츠러드는 것이다. 논쟁적인 자세는 역시 스펙트럼의 정반대편 끝을 향하여 나아가는 것이지만, 논쟁의 여지가 있음에도 불구하고 여전히 심리학과의 대화를 주장한다(임상적인 수단들이 비난과 더불어 사용된다). 반면에 혐오자세는 심리학과 신학사이의 대립을 요약하면서, 이론적이고 실제적인 수준에서 심리학과의 완전한 분리를 향하여 돌진하고 있다.

자신의 접근법을 정돈하는데 있어서 콜린스는 전형이 되는 한 가지 자세를 가리지 있지 않다. 그러나 그의 강의 어느곳에서든지 심리학을 그들의 체계속으로 가져올 필요가 없다고 보는 실제적인 신학자로 아담스, 고다드, 그리고 라 헤이를, 언급하고 있다. 사실상 아담스는 심리학을 해롭고, 부적절하며, 도움도 되지 못하고 희망을 걸 수 없는 것으로 보고 배척했다. 말할 필요도 없이 이러한 자세는 두 학문에 종사하는 사람들 사이에 강한 불신과 존경심의 결핍을 조장하게 된다. 만일 신학자들이 다른 자세를 가지고 심리학과 대화하는 일이 어렵고, 혐오자세를 가지고서라도 대화하는 일이 어렵다면, 대화는 불가능하다.

자세와 방법은 나누기가 어렵다. 그러나 이러한 INDEX 모델은 이러한 가치있는 구별을 가능하게 해준다.

통합에 관한 실제적인 도해[5]

콜린스가 실제적인 통합 영역에 대하여 바퀴로 나타낸 도표에서 구분한 것들을 전문직과 일치시켰다는 사실은 주목할 만하다. 개업해서 일을 하는 전임 심리학자는 특별히 심리치료를 위한 통합의 암시에 대하여 관심을 가진다.

통합이 이론적인 노력이었기 때문에 뒤따르는 토론에서 실제적인 통합의 모델을 제시하는 것은 흥미있는 일이다.

알라바마(ALaBaMa)라고 하는 주의 이름이 중요하게 보이는 통합적인 심리치료의 몇가지 국면의 머리글자를 나타내고 있다. A는 믿음의 가정(assumption)을 나타낸다. L은 심리요법을 받고 있는 사람의 삶(Life)의 어려움을 나타내고, B는 심리요법이 행해지고 있는 배경과 관계를 제공하는 다양한 배경(Back ground)을, M은 심리요법사가 심리요법의 기법으로 사용하고 있는 기술(Manipulation)을 나타낸다. 이러한 차원들이 서로 주기적이고 대화적이며 변증적인 방법으로 상호작용하고 있다.

예를 들어 믿음에 대한 가정으로부터 시작해 보자. 사실상 나는 날마다. 주의 만찬, 성경 읽기, 그리고 그날 나와 함께 일을 하게 될 사람을 위한 기도를 통하여 내 자신의 기초를 단단히 함으로서 스스로를 준비한다. 나는 조용하게 이러한 가정들을 되새기고 자신에게 그와 비슷한 것을 말함으로 일을 시작한다.

"이 사람은 내가 돌보아주고 있는 하나님의 자녀다 – 그는 은혜로 구원받은 죄인으로, 하나님의 뜻을 찾아 이루고 이행하려는 사람이다. – 나는 이 일을 맡은 하나님의 종이며, 하나님은 여기에 우리와 함께 계시다."

다음에 나는 그 사람의 삶이 곤경에 처해 있다는 사실을 인식한다. 그리고는 믿음의 가정으로 돌아와서는 우리가 일을 하고 있는 배경적인 상황을 곰곰히 생각한다. 이러한 국면 속에서 나는 자주 그 시간들과 나의 느낌들을 기록하곤 한다. 그리고는 한번 더 등산가가 나침반을 참조하는 것과 마찬가지 방법으로, 믿음의 가정으로 다시 돌아와서는 삶의 곤경을 헤쳐 나가려는 사람을 인도하는데 사용하는 기술들이 모델에 집중한다. 나는 이러한 차원들을 주기적인 형태로 통과해 나간다. 그러한 과정은 아래와 같이 표시할 수 있다.

그림 12

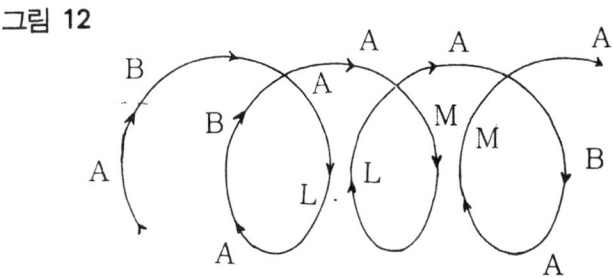

순환적인 상호작용

더우기 "A", "L", "B", "M" 차원들은 서로 대화적인 방법으로 상호작용한다. 상황에 대한 이러한 요소들은 치료과정들로서 서로 대화한다. 그것은 치료사의 내면에서 진행되고 있는 내면적인 대화이다. 나는 그것을 허락하고 준비한다. 테오도르 레이크는 이러한 과정을 "세번째 귀로 경청하는 일"이라는 용어를 사용하여 표현한다.

반면에 순환적인 상호작용에서, 그 차원들은 한 가지가 각각의 다른 단계에서 믿음의 가정들로 돌아가는 연속적인 방법으로 상호작용을 한다 : 대화적인 접근법에서는, 마치 다양한 차원들이 있고 회의 테이블에 둘러 앉아 패널 토의에 참가하는 것과 비슷하다. 치료법에 있어서 주어진 지점에서 어느 차원이 우세할지는 예정되지 않는다. 대화는 직관적인 방법으로 순간 순간마다 진행된다.

교류분석(Transactional Analysis)에서 사용하는 용어로, 나는 가능한한 자유로운 어린이(Free Child)에 가깝게 머문다. 번이 그러했던 것처럼 나도 믿을 수 있는 원초적인 직관의 영역(혼히 작은교수, Little Professor라고 부른다)이 나의 어린이 부분안에 있다는 사실을 확신한다. 나는 판단하고 간섭하는 일에 있어서 인도함을 받기 위하여 나자신의 마음의 이러한 부분을 명목적으로 의지한다. 나의 이러한 부분이 균일하거나 순진한 것이라는 것을 의미하고자 하는 것은 아니다. 이러한 자유로운 어린이(Free Child)는 믿음의 가정, 삶의 곤경, 배경적 상황, 그리고 다루는 방법들 사이의 대화에 귀를 기울인다. 나는 이러한 각 차원들에 대하여 능력과 음성을 공급한다. 그들은 동등하게 나의 자유로운 어린이가 듣고 있는 대화속에 동일하게 참여한다. 나는 단순하게 유년기의 단

제 4 장 통합 : 인접자들(adjoiners) 131

어, 이론적인 논리, 혹은 자신의 편견으로 표현되지 않은 임상적인 판단을 하려하는 부분이 나의 속에 있다는 것을 의미하는 것이다. 나는 성급하게도 이러한 것이 성령께서 나의 삶 가운데서, 그리고 다른 심리치료사들의 삶 가운데서 일하시는 방법중의 하나라고 느끼게 된다. 이러한 대화적인 상호작용이 그림 13에 나타난 바와 같이 도식화 될 수 있다.

나는 통합된 심리치료에 관한 알라바마 이론의 몇가지 차원이 서로 변증적인 방법으로 상호 작용하고 있다고 역시 주장했다. 믿음의 가정, 삶의 곤경, 배경적인 상황, 그리고 다루는 방법들이 상호간에 영향을 미치고 있다.

단순하게 각 차원들이 다른 사람들의 용어로 이해될 수 있도록 하고, 그들 중의 어떤 것은 처음과는 정반대의 것일 수도 있다는 가능성을 생각해보자. 설명하기 위해서, 개인의 삶에 있어서의 곤경에 관한 주제가 고독과 신경증적 의존성의 문제로 나타날지도 모른다. 그러나 믿음의 가정들의 용어로 이해할 볼 때, 이러한 징후들은 죄로 인하여 물들어 있고 하나님의 사랑을 받아들이기를 거부하는 증거일지도 모른다. 다시 상담 의뢰인의 보수 혹은 어떤 행동에 관한 나의 내적 판단과 같은 가변적인 배경은 더욱 자세들 이상일지도 모르며 그러한 것들은 역시 나의 죄성에 대한 연약성과 하나님의 인도를 의뢰하는 마음의 결핍의 표시일지도 모른다. 더우기 믿음의 가정들 자체가 부분적으로는 자신의 배경에 대한 반영이며, 예단(豫斷)이고 강조점이기도 한 것이다.

그림 13
대화의 상호작용

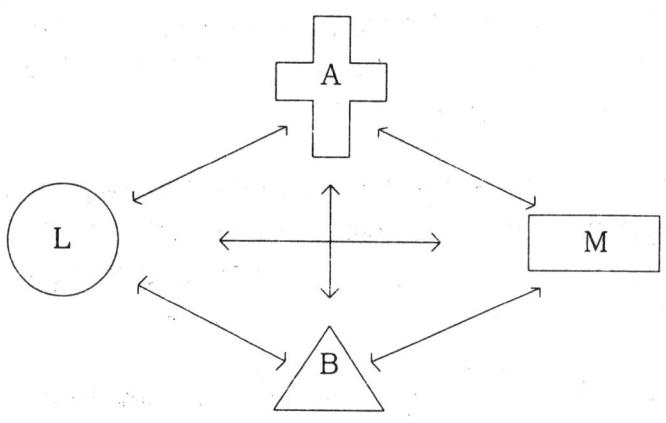

 이러한 상호 작용에서는 그 어느 차원들도 신성하지 않다. 그들은 모두 충분하게 이해될 수 있는 다른 차원에서의 용어로 생각된다. 예를 들어 다루는 방법들이 바로 그러하다. 그러나 그들은 역시 믿음의 가정들이며 반대로도 마찬가지다. 각 차원들은 서로 영향을 미치고 다른 차원에 정보를 제공하기도 한다. 이러한 점을 고려하는 일은 나로 하여금 나의 심리치료적인 모델에 있어서의 의미의 깊이를 조사하게 한다. 이러한 건강한 긴장은 역시 내가 단순하게 일들이 항상 내가 믿했던 대로라거나 혹은 내가 "실세적인 사실"의 한 귀퉁이만을 알고 있다고 추측하지 못하도록 한다. 그들의 한계에도 불구하고 나는 역시 역사와 문화의 한 부분이다. 의뢰인은 단지 삶의 곤경에 포로가된 유일한 사람은 아니다. 그러므로 나는 두 가지 일에 대하여 확신하고 있다: 첫째로 다른 증후군을 무시하고 상담의뢰인의 상황과 나의 상황은 둘다 구원하시는 하나님을 믿는 믿음을 통하여만 채워질 수 있는 기본적인 염려의 상태들이다: 그리고 둘째로는, 나의 선한 의도에도 불구하고 나는 최악의 상태와 마찬가지로 나의 최선의 상태도 용서하실 필요가 없는 하나님을 섬긴다. 이러한 변증적인 상호작용은 아래와 같은 도표로 나타낼 수 있다.

그림 14

변증법적 상호작용

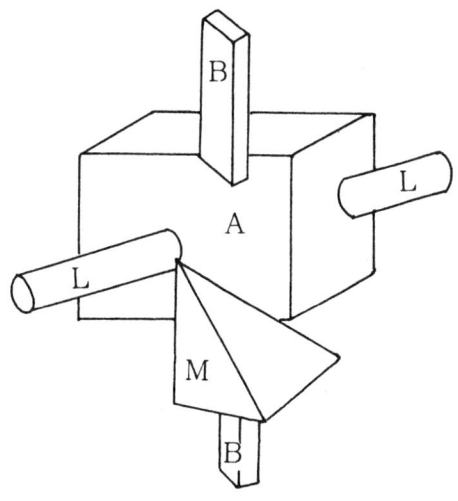

차원들(믿음의 가정들, 삶의 곤경, 배경상황, 그리고 다루는 방법들) 사이에 있는 상호작용의 세가지의 유형들은 모두 치료사의 머리안에서 진행된다. 그것들이 직접적으로 의뢰인과 의사소통하지

는 않는다. 그러나 그들은 실제적인 치료가 발생하게 되는 기초를 제공한다. 순환적인 상호작용은 믿음의 가정들로 돌아 가는 모든 다른 차원들의 연속적인 소개를 언급한다. 대화적인 상호작용은 몇 개의 차원들 사이에서 진행되며, 나의 마음 속에 있는 '자유로운 어린이'는 유의깊게 그것을 듣는다. 마지막으로, 변증적인 상호작용은 그러한 건강한 긴장안에 있는 모든 차원의 상호 침투를 언급한다. 이러한 유형의 내성적인 반응들을 통하여 진실하게 통합적인 심리치료를 위한 기초가 놓아진다.

"A" – 믿음의 가정들

각각의 차원들을 논의하는데 있어서, 나는 그 내용과 기원에 관하여 윤곽을 그리려고 한다. 다른 말로 하면 내가 그것을 알게 된 방법과 마찬가지로 그것이 무엇인가에 대하여 상술하려는 것이다.

이러한 믿음의 가정들은 내가 심리치료에 도입해 들어온 인간, 하나님 그리고 우주의 속성에 관한 기본적인 전제들이다. 그러한 가정들이 현재에 모든 심리학자들의 하는 일속에 들어 있다는 점에 대하여 나는 확실하게 게리 콜린스와 의견이 일치한다. 그들은 함축적이며 인식되지 않는다. 그들은 사라지거나, 변할지도 모르며 혹은 지속되거나 영속적일지도 모른다. 그러나 믿음의 가정들은 항상 거기에 있다. 나는 나의 가정들을 인정하며 명백하게 나타낸다. 나의 생각은 이러한 확신들이 심리치료사로서 내가 하는 어떤 일이든지 길을 인도하고 정보를 알려준다는 점이다.

본래 나의 믿음은 행동하시는 하나님에 대한 믿음이다. 기독교인으로서 이것은 다른 모든 것들에 대한 열쇠다. 나는 성경의 하나님을 바로 그 하나님으로 믿는다. 그리고 그 분은 창조하셨고, 선택하셨으며, 인도하시고 판단하셨으며, 애타게 부르시고 메시야를 보내셔서 구속하신 하나님이시다. 그 분은 항상 자기 백성들을 향하시며 자기 백성들을 위하신다. 그 분은 자기의 길을 모든 시대와 공간 속에 알리신 분이다. 그의 왕국은 도래했고 도래하고 있으며 도래할 것이다.

나의 믿음은 역시 사람들은 이렇게 행동하시는 하나님의 자녀라는 사실을 확신한다. 그들은 하나님의 형상대로 만들어졌고, 하나님의 뜻을 행하며, 하나님의 창조적이고 구속적인 사역에 하나님과 함께 참여하기 위하여 땅위에서 살게 되었다. 사람들은 자기들의 유업과 운명을 잊어버리고 고의로 범죄했다. 그들은 하나님으로부터, 그리고 진실한 자기 자신으로부터 멀어지게 되었다. 그럼에도 불구하고 그들은 하나님의 눈에는 여전히 귀중한 존재로 남아 있다.

나는 행동하시는 하나님이 우리를 구속하신 예수님을 보내셨다는 사실을 확신한다. 하나님의 자비와 사랑때문에 메시야가 오셨다 ; 그 분은 삶, 죽음, 그리고 죽음 너머의 영원한 삶속에서 담대하게 선언하셨다. "너희 모두는 죄인들이다. 너희들의 운명은 너희들 자신이 만들고 있다 ; 그러나 위로를 받으라. 여기에 좋은 소식이 있다 ; 죄인들은 용서 받는다 ; 하나님은 자비로우시다 ; 삶은 풍성하고 가능성으로 차있다 ; 너희들은 다시 시작할 수 있다" 이러한 것들이 구속의 말씀들이다. 하나님의 사람 예수님은 오셨고 소망은 온 세계로 퍼졌다.

그러한 사실이 나를 다음의 확신으로 인도한다. 즉 하나님은 그의 왕국을 갖고 들여 오시느라고 바쁘시다는 것이다. 창조는 아직 끝나지 않았다. 우리 인간들은 시간속에서 살고 있다. 우리는 그 분이 인간의 육신을 입고 오신 이후의 시간과 다시 오시기 전의 시간 속에서 살고 있다. 하나님은 우리와는 별도로 역사속에서 선한 일을 하실 것이다. 그러나 우리를 통해서 하실 것이다. 그 시대가 올 때에 우리는 기쁨으로 놀라게 될 것이다. 그 분의 능력은 우리의 노력이나 이해하는 것 보다 더 크시다. 그럼에도 불구하고 그 분은 자신의 왕국을 건설하는 일에 우리를 사용하기로 계획하셨고, 우리를 예수 그리스도의 형제로 부르셨다.

그러므로 나는 온 우주가 제자로 부름을 받았다고 확신한다. 우리 인간들은 여기에 목적을 가지고 부름을 받았다. 이러한 목적은 아담과 이브 시대 이래로 동일하다. 우리는 하나님과 교제하고 서로 사랑하며, 온 지구를 다스리기 위하여 이곳에 존재한다. 만족과 성취를 가져다 줄 수 있는 다른 삶의 양식은 아무것도 없다. 모든 다른 양식들은 우리의 본질을 더럽힌다. 우리는 제자가 되기 위하여, 또 주 예수 그리스도의 사역을 함께 수행하기 위하여 지음을 받았다. 이것은 모든 사람들과 모든 시대에 적용되는 진리다.

마지막으로, 나는 성령의 임재를 확신한다. 이것은 행동하시는 하나님에 대한 믿음에 있어서 필수적인 것이다. 그분은 우리와 함께 계신다. 그 분은 여기에서 우리에게 영감을 불어 넣으시고, 격려하시며, 붙드시고, 인도하신다. 우리는 혼자가 아니다. 그 분은 언제 어디서나 우리와 함께 계신다. 그 분의 뜻은 이루어질 것이다 - 우리와 모든 사람들을 통하여, 그 분은 아브라함과 이삭과 야곱, 예수, 베드로, 그리고 바울의 하나님의 대리자(agent)이시다. 그 분은 위로자이시며, 우리가 누구인가를 잊지 않게 하시고, 날마다 일어나는 사건들 속에서 예수의 마음을 적용할 수 있도록 우리를 돌보신다.

이처럼 이러한 것들은 내가 하나님, 인간, 그리고 우주에 대하여 세운 가정들이며 내가 인간으로서 서 있어야 할 기초의 부분들이다. 나는 공개적으로 그것들을 심리치료에 도입한다.

삶의 곤경

통합 치료의 알라바마 모델에 나오는 "L"은 도움을 청하러 나에게 오는 사람들의 삶(Life)의 곤경들을 상징하는 것이다. 나의 도움을 구하는 사람들은 삶을 살아가는 일에 있어서 격려를 필요로 하고 성취에 관한 문제를 가지고 있는 사람들이다. 그들은 삶의 목표들을 향하여 가는 동안 그들 스스로, 다른 사람들과 더불어, 물리적인 세계와 더불어 경험하는 좌절들을 효과적으로 다루지 못하고 있는 사람들이며, 삶의 불가해한 일들 즉 비극, 무의미함 그리고 죽음 등의 문제를 풀어 나가는 일에 있어서 어려움을 겪고 있는 사람들이다.

내가 이러한 일을 이해하는 일에 있어서의 근원은 그들이 하는 말과 그들이 나타내고 있는 감정들이다. 나는 단지 듣기만 할 뿐만 아니라 이해하기도 한다; 왜냐하면 나도 역시 삶의 문제들에 직면하는 일과 좌절을 경험하는 일이 무엇인지를 알고 있는 사람이기 때문이다. 그들의 이야기는 나에게 대하여 권위를 가지고 있다. 왜냐하면 나도 역시 사람이기 때문이다.

　나도 역시 사람들의 삶의 곤경을, 이 시대는 불안의 시대라고 했던 기독교 실존주의자 폴 틸리히(1951)에 의해 제시된 모델로 이해한다. 이러한 모델에 의하면 모든 사람들은 두가지 형태의 불안을 경험한다. 한편으로는 수평적이거나 신경증적인 불안을 경험한다. 이것은 다른 인간들, 그리고 그를 둘러싸고 있는 세계와의 관계에서 느끼는 불안감이다. 그들은 자신들이 다른 사람들로부터 받아들여지고 있다고 느끼지 못하고, 사랑을 받아들이는 일 혹은 자신들의 존재를 편안하게 하거나 안전하게 하는 일에 있어서 효과적으로 느끼지 못하고 있다. 반면에 사람들은 수직적 혹은 기본적인 염려를 경험한다. 이것은 사람들이 정신병리학자 칼 야스퍼스가 불렀던 삶의 "한계상황들"에 부딪히면서 올라왔을 때 느끼는 불안감이다. 이러한 것들은 무의미와 죄에 대한 불안이다. 무의미는 악과 비극에 대한 결론, 그리고 자신의 삶에 있어서 목적이 없다고 느끼는 것을 언급하는 말이다. 죄란 자신안에 이기심과 용서를 필요로 하는 공격적인 기질이 있다고 하는 것을 인식하는 것을 말하는 것이다. 절망은 아마도 염려라는 말보다 이러한 기본적인 관심사들을 표현하기에 더 적절한 단어일 것이다.

　이러한 분석에서 한 걸음 더 나아가면, 많은 신경증적 불안이 기본적인 불안에 기초하고 있다고 하는 것을 알게 된다. 틸리히가 말한 것처럼 기본적인 불안에 대한 답변들은 궁극적으로 상황밖으로부터, 즉 외부의 인간관계와 이러한 물리적인 세계를 다스리려는 어떠한 노력도 초월한 곳으로부터 와야만 한다. 사람들이 서로 관련되어 있는 방법들을 재정리하고 무한히 성공을 성취하는 일은 무의미와 죄에 대한 기본적인 불안감들을 잠재우기에 충분할 것이다. 대답은 초월한 것으로부터 나와야 할 것이다. 이렇게 하여 삶의 곤경을 분석하는 가운데, 나는 믿음의 가정들에서부터 나오는 해결책을 받아들이기 위한 기초를 놓는다.

변화하기 쉬운 배경들

알라바마 모델에 있어서 "B"는 변하기 쉬운 배경, 혹은 심리치료가 일어나는 상황을 상징한다. 상황은 치료사의 마음, 날과 시간, 의뢰인과 나 자신안에 있는 궁극적인 동기, 세상사, 그리고 기대하지 않았던 인생사들에 대한 다른 일들을 포함한다.

세상에서 일어나는 모든 일은 아마도 심리치료 환경의 한 부분이 될 것이다. 물론 모든 배경들을 고려하는 일이란 불가능한 일일 것이다. 치료사들의 일은 심리치료에 있어서의 의미있는 상황을 평가하고, 그들이 일을 하는 동안에 그것을 마음속에 간직하는 일이다. 진공속에서는 아무일도 일어나지 않는다. 치료법의 내용을 구성하고 있는 나누는 일, 통찰, 경험들, 그리고 변화는 모두 상황속에서 진행된다. 나는 사람들과 나 자신을 위하여 그 상황을 구성하고 있는 모든 요소들을 생각해 보아야만 한다.

내가 시도하는 중재와 내가 나누는 지혜는 결코 "불시에" 생겨나는 것이 아니다. 그것들은 상황으로부터 나온다. 그것들은, 치료사들이 거기에 놔둔 것을 제외하고, 모든 생각들이 결핍한 사람들에 의해서는 받아들여지지 않는다. 나는 단지 부분적으로만 의뢰인의 환경을 알 뿐이다. 그러나 어떤 문제에 대한 환경의 영향력을 가능한 한 많이 아는 것이 내가 할 일이다.

다루는 기술 모델

모델에 있어서 "M"은 다루는 기술 모델을 상징한다. 이것은 심리요법 체계에서 사용하는 다른 용어다. 활동적인 기술은 정통적인 행동과학자들에게 나쁜 기법이 아니다. 중재기법들은 심리요법의 어떤 좋은 이론이 가지고 있는 고유한 것이다. 그것들은 계획된 변화에 대한 사회 과학적인 관심을 반영하여 사람들이 제멋대로 자라기를 바라는 생각과 반대되는 것이다. 나는 나 자신이 마음속에 어떤 계획을 가지고 심리치료의 상황으로 오는 과학자 - 전문가들과 확실히 동일시 될것이라고 생각하고 있다. 나는 "만일 당신이 그들에게 말을 들어줄 어떤 사람을 주기만 하면 사람은 더욱 좋아질 것이다"고 확신하는 안일한 생각을 적절하지 못한 것으로 판단한다.

그것은 콜린스가 인용한 카크후프(1968)의 연구로 부터 나온 것처럼 잘못된 생각이다. 나는 평신도 상담자와 전문 상담자에 있어서 별로 차이가 없다고 하는 보고가, "감정이입, 일치, 그리고 따뜻함"의 치료적인 분위기를 만들어 놓고 어떤 일이 일어나기를 기다리는 일단의 개업치료사들 안에서 관찰된 것이라고 판단한다. 치료적 상황은 충분하지 않다; 심리치료사는 활동적으로 개입해야 한다. 훈련받은 사람과 훈련받지 않은 사람 사이에 차이점이 기록되지 않았다는 사실은 이상한 것이 아니다. 치료의 분위기를 공급하는 능력은 훈련보다 기술이 더 큰 것 같다. 그것은 아마 적어도 치료사가 받은 훈련 만큼이나 치료사의 기술에 의존하는 것 같다. 치료적 상황보다 더한 어떤 것이 더욱 필요하다.

상담자를 심리치료사들과 구분하는 일은 "더욱 필요한" 일이다. 상담자들은 만들어 놓고는 어떤 일이 일어나기를 기다린다. 심리치료사들도 역시 상황들을 설정한다. 그러나 그 때 그들의 다루는 기술 모델을 적용함으로 어떤 일이 일어나게 한다. 나는 카크후프의 연구가 내가 알고 있는 노련한 심리치료사들 사이에서 반복될 수 있는 것인지에 대하여 강한 의구심을 품고 있다.

이것이 나로 하여금 나의 다루는 기술 모델에 대하여 매우 간략하게 언급하게 만들었는데 그것이 교류분석이다. 나는 의도적으로 이러한 모델을 가지고 각 의뢰인들의 문제에 대한 이해를 구성하며, 교류분석의 용어로 개인들의 상호 활동적인 양식을 재구성하기 위하여 기술들을 적용한다. 나는, 모든 의뢰인들이 독특하다고 하는 심리치료에 대한 절충적인 접근법을 피한다. 그리고 사람들은 자기가 가장 적당하다고 생각하는 심리치료 기술은 무엇이든지 적용한다. 절충적인 치료사는 무슨 일이 일어나고 있는지 항상 알지 못하고, 의뢰인도 역시 마찬가지로 알지 못한다. 만일 그러한 관계로부터 어떤 좋은 일이 나온다면 그것은 전혀 우연한 일일 뿐이다. 나는 사람들이 처음에 도움을 구하러 왔을 때, 내가 건강한 인격관계에 역점을 두는 이론인 교류분석법을 사용한다는 사실을 알려준다.

심리치료의 목표들

통합된 심리치료에 관한 알라바마 이론의 목표는 "성결로 향하는 치유"다. 이것은 조정과 성취라고 하는 두가지의 목표를 결합시킨다. 더우기 치유와 성결은 앞에서 언급한 신경증적이고 기본적인 불안의 문제를 해결해준다.

"치유"란 건강한 상태로 되돌아 가는 것을 의미한다. 소극적인 의미로는 질병으로부터 자유하는 일이며, 적극적인 의미로는 건강한 상태나 정상적으로 기능을 발휘하는 능력을 말한다. 그것은 사람이 질병의 증후를 경험하지 못하는 균형잡힌 상태와 관계가 있다. 사람이 "나는 괜찮아, 일들이 매우 잘되어 가고 있고 오랫동안 아무 일도 없었어"라고 말할 때, 그들은 건강을 질병이 없는 상태로 정의하고 있는 것이다. 반면에 건강은 목표를 성취하는 것이며 이상에 도달하고 있는 것이다. "당신은 나를 보아야 해, 나는 3마일을 달릴 수 있고 나의 혈압은 낮아, 나는 더 이상 두려움으로 고통당하지 않아 - 나는 심지어는 낯선 사람에게도 말을 할 수 있고 정말로 강하다고 느껴"라고 말할 때, 그들은 건강을 정상적인 기능을 다하는 것으로 정의하고 있는 것이다.

나는 건강에 관한 두가지의 정의에 관심을 가지고 있고, 그들 각각을 목표로 삼고 있다. 가끔 건강의 소극적인 상태가 적극적인 상태보다 앞서 가기도한다. 두려움 없이 어느곳이든지 자유롭게 갈 수 있다고 느끼려면, 혹은 공공도서관에서 누가 나를 보고 있지 않은가하고 두리번 거리지 않으면서 몇시간씩 독서할 수 있게 되기 위하여서는 높은 장소에서 두려움을 느끼는 일이나 착각을 느끼는 일이 멈추어져야 한다. 나는 단지 증후들이 없어지는 일에만 만족하지 않고, 사람들로 하여금 긍지와 용기를 가지고 살 수 있는 능력이 현저하게 증가하도록 유도하면서 부차적으로, 더욱 발전하는 일을 도와주고 싶다. 목표는 잘 적응하는 것이며 또한 자기성취인 것이다.

건강은 단지 자기성취만이 아니라 온전함의 상태를 말한다. "온

전"해 진다는 말은 통일되고, 통합되며, 완전해 진다는 말이다. 게스탈트 심리학자들이 사용하는 격언으로 "미치라. 그리고 제 정신으로 돌아오라"는 말이 있는데, 인식과 감정을 결합시키려는 그들의 노력 가운데 이러한 건강의 개념을 사용한다. 그들은 대부분의 사람들이 그들의 감정으로부터 단절당하고 병이든다고 추측하고 있다.

더욱 적절한 다른 면이 사람들의 영적인 부분에 속해 있다. 자신들의 감정으로부터 단절되는 대신에, 사람들은 흔히 자신의 영적인 부분으로부터 분리된다. 성경적인 용어로 말하면 사람들은 하나님의 형상으로 만들어졌고, 그들의 죄로 인하여 자신들의 진실된 속성과 접촉을 하지 못하게 되었다. 그리하여 그들은 병들고 불화하게 되었다. 영적인 건강을 회복한다는 말은 하나님의 형상 혹은 그들이 처음으로 창조되었던 그대로의 속성과 재결합한다는 것을 의미한다. 자신들의 이러한 부분들과 분리된 상태에 있는 한 사람들은 병든 상태에 있게 된다. 이러한 부분들과 분리된 상태에 있는 한 사람들은 병든 상태에 있게 된다. 자신의 실제적인 신분, 즉 하나님의 자녀라는 느낌이 개인들의 깊숙한 곳에 있다. 사람들은 이러한 일을 알지만 모르는 것처럼 행동한다. 심리치료에서 나의 목표중의 하나는 나에게 찾아온 의뢰인들을, 자신들의 진실한 속성과 재결합할 수 있도록 도와줌으로써, 다시 온전하게 만들어 주는 일이다. 나는 이일이 가능하다고 확신한다. 왜냐하면 틸리히가 말한 것처럼 "사람과 하나님이 만나게 될 때는 서로 낯선 존재들이 만나는 것이 아니라 거리가 멀어졌던 존재들이 재결합하는 것"이기 때문이다. 이러한 방법으로 온전하게 됨으로써, 사람들은 자신들의 진실한 속성으로 돌아가서 다시 건강하게 되는 것이다.

이러한 치유는 치료의 두번째 목적으로 바로 인도한다. 즉 성결이다. 나의 목표가 "성결로 인도하는 건강"이라는 점을 말했다. 성결은 따로 분리되거나 하나님께 속하는 것을 의미한다. 성결은 사람이 이상을 좇아 살든지, 진실하게 경건한 혹은 종교적인 사람이 되기 위하여 노력하는 것을 나타내는 상태나 행동양식을 나타낸다. 성결은 사람이 하나님과의 관계속에서 삶의 의미를 찾았다는 것을 나타내는 것이다. 성결은 하나님을 의지하고 인도하심을 위하여 그 분께 의지하는 사람들의 특성이다.

성결을 치료의 목표로 말할 때에 심리치료의 온전한 속성은 분명하게 드러난다. 어떤 사람이 삶의 문제를 해결하는 일로부터 신앙적인 의미의 삶을 살아가려고 솔직하게 시도하는 일로 돌이키기 전에는, 심리치료가 온전한 것이 아니라고 믿는다. 만일 내가 믿는대로, 실제적인 삶이란 그것이 종교적인 것이든지 아니든지 간에 그것과는 관계없이 목적과 의미를 가진 삶이라고 생각한다면 이것은 건전한 심리학이다. 빅터 프랑클은 그의 의미요법을 지지하는 가운데 이러한 입장에 동의했다. 고(故) 고든 알포트는 삶이란 과거의 습관 - 그러한 습관이 아무리 좋은 것이라고 할지라도 - 에 밀려 다니기 보다는 오히려 어떤 가치에 의해 미래로 끌려 들어가는 그러한 삶이 가장 좋은 것이라고 주장했다. 이것도 역시 성 어거스틴이 그의 잘 알려진 기도속에서 말했던 "우리의 마음은 당신안에서 쉴 곳을 찾기전에는 안식이 없었습니다"라는 말을 확언해주는 건전한 신학이다. 풍성한 삶은 예수 그리스도 우리 주안에 계시된 하나님께 대하여 응답하면서 살며 의존하는 삶을 말한다.

그러므로 성결은, 사람들이 그안에서 자신들이 하나님의 자녀임

제 4 장 통합 : 인접자들(adjoiners) 145

을 인정하고, 어떤 다른 기초위에 자신의 삶을 건설하려고 했던 오류를 고백하는 삶의 특질을 말하는 것이다. 더우기 그것은 기꺼이 제자가 되려고 하는 것, 즉 은혜, 용납, 사랑, 그리고 자신의 능력보다 하나님의 능력을 의존하는 삶을 포함하는 것이다. 마지막으로 그것은 하나님께서 자신에게 주신 은사를 발견하고, 다른 사람들을 섬기는 일에 그것을 사용하려고 헌신하는 것을 포함한다. 요한 웨슬레의 말로 표현하면, 성결은 "이생에서 완전을 향하여 나아가는" 목표를 설정하는 것을 의미한다.

나의 의도는 나의 믿음의 가정들과 다루는 기술의 모델에 대해서와 마찬가지로 이러한 목표들에 대해서도 분명해 질것이다. 나는 이러한 도식을 심리치료에서 작용하는 통합의 실제적인 계획으로 소개한다. 그것은 통합자가 되려고 하는 사람들에게 필수적이라고 내가 느끼는 의도적인 과정을 설명한 것이다.

요 약

이러한 응답은 콜린스가 소개한 것에 대하여 네가지의 기본적인 설명을 덧붙이려고 시도된 것이다. 이글은 통합에 대한 사회-문화적인 차원들에 관한 주제, 현대 사회의 속성 등의 주제에 따른 것이다. 이것은 통합에 대한 상황, 통합자세들을 이해하기 위한 모델이며, 그리고 통합적인 심리치료를 위한 실제적인 도식이다.

서두에 기록한 것처럼 이러한 것들은 콜린스의 견해와 손이 닿을만큼 가까이 있다는 의미에서의 인접자들이다. 그러나 그것들은 포함시켜야 할 중요하게 보이는 차원들을 콜린스의 견해에 덧붙인 것이다.

제 5 장
통합 : 그 진전

개리 R. 콜린스

몇년 전 폴 투르니어와 대화를 하는 동안에 나는 자신의 책들에 대한 논평에 이 저자가 어떻게 생각하는지 물어 보았다.
"나는 항상 그들로부터 배우고 있습니다"라고 투르니어는 대답했다. "나는 그러한 논평들을 읽는 것을 즐깁니다. 왜냐하면 그들은 내가 일하는 데 있어서 도움이 되기 때문입니다."

그러나 나는 한 걸음 더 나아가서 그 노의사에게 부담되는 질문을 강요했다. "만일 그 논평들이 당신의 저술에 대하여 비평적인 것이라면 어떻게 반응하시겠습니까?" 이에 대한 그의 대답은 "비평을 받을 때, 나는 시간을 내어 내 책을 읽고 반응해 주신 비평자들에게 감사를 표합니다. 심지어는 이러한 반응들이 내가 쓴 글들에 대하여 강하게 반대하는 것이라도 마찬가지입니다."라는 것이었다.

주기적으로, 나는 앞장에 기록된 것과 같은 **나에** 대한 비평을 읽을 때마다 투르니어의 말들을 생각한다. 나의 작품에 대하여 반응해주신 분들은 때때로 비평적이고, 나의 **견해에** 반대하는 입장을 서슴지 않고 취한다. 그러나 맬로니 박사와 같은 응답자들은 장점과 약점들을 지적해 내기에 충분할 만큼 **나의** 저서들을 진지하게 읽으며 나에게 따뜻한 찬사를 보내어 준다. 나는 그러한 사려깊은 반응들과 친절 그리고 이렇게 분명하게 **표현해주신** 데 대하여 깊은 감사를 드린다.

이 결론의 장에서 나는 나의 저서에 대한 **몇** 가지 비평에 대하여 응답하고, 통합에 대하여 몇가지의 질문들을 **하며** 미래에 있을 통합에 관하여 몇가지의 소견을 표하고 싶다.

비평에 대한 몇가지 응답

이 책의 처음 석장은 원래 연속강의로서 소개된 것이다. 이들은 많은 수의 학생들, 심리학자들, 그리고 다른 **학자들과** 함께한 자극적인 상호작용에 의하여 따라 이루어진 것이다. 심지어 풀러 신학교에서는 나의 강의에 대한 비평을 글로 **써오도록** 한 과제물이 있었던 경우도 있었다. 그것을 읽는 것은 정신이 **번쩍** 들도록 겸손해지는 경험이었다.

예를 들어 다음과 같은 내용으로 비평을 시작**했던** 창조적인 여학생이 있다고 가정해보자:

심리학자들이여! 심리분석과 주일학교 교사일에 둘러싸여 밀려 다니느라고 피곤하십니까? 인도 위에 있는 복음주의자들이 발로 모래를 차서 당신의 얼굴에 뿌립니까? 정신의학자들이 당신을 허깨비 처럼 다룹니까? 지금 여기에 당신을 위한 놀랄만한 새로운 상품이 있습니다: IOPAT(Integration-of-Psychology-and-Theology). IOPAT는 실험실에서의, 긴 의자 위에서의, 그리고 당신의 지역교회에서의 긴장을 제거해줄 수 있습니다. IOPAT는 당신이 프로이드주의자들이나 근본주의자들과 같은 사람들(특별히 행동주의자들)과 의사소통을 할 수 있도록 만들어 줍니다. 당신이 **사용할 서론의 견본을 지금 주문하십시요!**

수년이 지나서 나는 인본주의적-실존주의자(하븐스, 1968), 논쟁자(모우러, 1969), 그리고 평화론자(투니어, 1965; 지브스, 1976) 등의 다양한 규격과 모델로 견본을 많이 주문했습니다. 그러나 상품이 배달되어 왔을 때 내가 받은 것은 실제로 활용할 수 있는 모델이 아니라 단지 더욱 상세하게 설명된 광고로만 보였습니다. 사실상 나는 결코 청사진을 잊지 않았습니다. 그래서 스스로 한 가지를 만들 수 있었습니다.

나는 현대의 콜린스모델에 대하여 동일한 반응을 하고 있는 것은 아닌지 두렵습니다. 이러한 경우에 광고는 아름답게 쓰여져 있고 상품의 주장들은 보통것들보다 더욱 상세하고 정교합니다. 번쩍거리는 술어들이, 상용될 많은 도구들에 주어져 있습니다: 전문적인, 목회적인, 동료간의, 변증적인, 공개적인, 그리고 예방적인-과 같은 술어들입니다. 초기의 견해들에 대한 그것의 우수성은 몇가지로 상세하게 설명됩니다. 거기에는 주요한 요소들의 리스트에 대한 일반적인 설명서들이 있습니다. 그러나 이러한 요소들의 특징들을 운용하는데 대한 묘사가 없습니다. 모형도도 없고 포장에는 충분한 조작 모델도 없습니다.

그러나 만일 내가 모델 중의 한가지를 보았다면, 나는 내가 "통합"을 재인식하는 방법을 알지 못하지 않았겠는가고 생각하기 시작하고 있습니다. 콜린스는 이전의 명칭들을 설명하는 것을 제외하고는 우리를 위하여 용어를 정의하는 수고를 하지 않았습니다. "심리학과 신학의 통합"이 그에게 무엇을 의미하는 것인지를 내가 확신하지 못하고 있음을 고백합니다. 그것은 심리학과 신학사이에 대화의 문을 여는 것을 의미합니까? 동일한 언어적인 범주와 방법들을 사용하는 것을 의미합니까? 동일한 질문들을 하는 것입니까? 동일한 결론에 도달하는 것입니까? 콜린스는 그가 통합하기를 원하는 심리학과 신학의 상표를 분명하게 정의하지 않습니다(도란, 1978).[1]

이 글을 쓴 사람은 내가 자주 들어왔던 주제 – 언어와 학술용어의 문제를 확인해 주었다. 심리학이란 무엇인가? 신학이란 무엇을 말하는 것인가? 심리학자들은 실제로 신학적인 언어를 이해하고, 신학자들은 심리학의 용어들을 이해하고 있는가? 미래에 있어서는 심리학과 신학의 다양성이 인정되어야 하고 우리의 용어들은 더욱 쉽게 이해될 수 있는 방법으로 제한되어야만 한다.

그러나 우리는 이러한 모든 일에 있어서 우리가 결코 이러한 언어적인 주제들을 넘어 가지 않는 용어들을 정의하기 위하여 시간을 많이 허비하지 않도록 조심해야 한다. 용어에 대한 끝없는 토론을 하느라고 주저앉아서 성경의 역할, 신학의 위치, 그리고 문화의 영향들과 같은 중요하고 실제적인 통합에 관한 질문들을 생각해보지 못하게 되는 수도 있다.

성경과 통합

최근에 몇몇의 작가들이 심리학은 우리의 문화 속에서 현대적인 종교가 되어 버렸다고 주장했다고 나는 믿는다. 어떤 사람에게는 심리학자들은 의식적인 언어, 성스러운 책들과 성례전을 갖추고 있는 새로운 제사장이다. 그는 죄를 사해주고 결혼과 가족 문제에 대하여 지침을 설정하며, 외로운 사람을 위로하고, 죽어가는 사람과 함께 밤을 세운다. 그리고 무리들에게 정직하고 온전하며, 그리고 개방적으로 될 것을 요구한다. 이것은 폴 빗츠(1977)가 그의 책에서 더욱 분명하게 기록했던 냉정한 관찰로서 앞장에서 언급되었던 것이다.

빗츠에 의하면 종교로서의 심리학은 미국 전역에 걸쳐 강한 세력으로 존재하고 있다. 종교로서의 심리학은 매우 반기독교적이며 다른 대부분의 종교들에 대하여 적의를 가지고 있다. 그럼에도 불구하고 "종교로서의 심리학은, 학교와 대학, 그리고 수백만의 그리스도인들로부터 거둔 세금으로 재정지원을 받는 사회적인 프로그램들에 의해서 강하게 지원을 받고 있다. 세속적인 국가 종교가 되어버린 것을 지원하기 위하여 세금을 이렇게 사용하는 일은 중대한 정치적이며 법적인 문제들을 야기시킨다." 저자는 나아가서 "종교로서의 심리학은 수년 동안 개인들과 가족들, 그리고 공동체들을 파괴해 왔다"고 말하며 그것은 "자기숭배사상에 기초하고 있는 세속적인 인본주의"의 형태로 되어 왔다고 주장한다(빗츠, 1977, p. 10).

만일 그러한 견해가 정확한 것이라면, 심리학이 이미 역사적인 기독교에 대하여 중대한 도전이 되어 있는 것이다. 어떤 기독교인들이 심리학에 대하여 격렬하게 반대하고 인간 행동과학은 불필요하며 기독교에 해로운 것이라고 주장하는 것은 놀라운 일은 아니다.

그 분야에서의 기독교인들이라고 항상 이러한 결론을 받아들이는 것은 아니다. 우리는 **심리학의 가치**를 보고 있지만 역시 그것의 위험도 볼 수 있다. 나로서는 심리학이 크지만 제한된 잠재력을 가지고 있다고 믿는다. **심리학**은 유익하며 실제적인 가치를 가지고 있을 수도 있다. 하지만 **그것이** 우리의 국가적인 종교가 될 수는 없다. 그것은 성경에 기초를 둔 기독교적인 가르침에 종속되어야 한다.

그러나 심리학이 "**성경의 권위 아래로**" 오도록 할 수 있는 한도에 관해서는 여러 가지의 **다른** 견해들이 있다. 확실히 나는 나와 견해가 다른 사람들을 **존경하지만**, 그와 반면에 성경이 진리에 대한 우리의 궁극적인 원천이 **되어야** 하며, 심리학으로부터 나온 결론들은 성경의 가르침에 **의해서** 점검되어야 한다는 입장에 분명히 서있다 - 이러한 것들을 **이해한다면** 성경 해석학을 최대한 잘 활용해야 할 것이다.

여기에서 나의 입장을 **요약하려는** 시도로, 아더 글래서의 글을 인용한다.

콜린스에게 있어서, **성경은** 하나님의 권위를 보여주고, 하나님-역사의 흐름밖에 **계신-과** 같은 것이다. 성경의 주장과 본문들은 문화적으로 제한되지 **않는다.**···성경은 "진리"라는 표지가 붙어 있고 자충적(self-contained)이며 오류없는 계시인 각 문장들의 집합체이다. 하나님의 말씀은 **오류있는** 인간이 무오하게 사용할 수 있는 성경 본문의 형태로 오신다. 이러한 말씀은 분명히 구약성경을 통하여 이스라엘 백성에게, **또** 신약성경을 통하여 사도적인 교회에 주어

진 우리의 믿음과 행위 규범의 혼합체이다. 그러나 그것은 오늘날에 존재하는 문화와는 관련이 없다.[2]

이것은 나에 대한 비평 속에 나타나는 판에 박힌 이야기인데, 이 책의 처음 석 장에서 밝혔던 나의 입장을 정확하게 반영한 것이 아니다. 아마도 글래서는 문화적으로 표현된 것을 문화적으로 종속된 것과 혼동하고 있든 듯 하다. 나는 성경적인 진리가 문화적으로 계시되거나 표현되었다고 하는 점에 동의한다. 그러나 그렇다고 해서 성경이 오늘날 우리와 별로 관련이 없는 제한된 방법에 의해 문화적으로 묶여있다고 생각할 수는 없다.

위에 인용한 글은 역시 성경의 해석은 항상 역사적, 문맥의 상황 안에서 이루어져야 한다는 사실을 알지 못하고 있다. 내 의견으로는, 문장들이 성경 밖으로 들리워져서 그들이 표현되었던 상황과는 완전히 별도의 "자충적(self-contained)이고 무오한 계시"로서 해석되어야 한다는 점에 동의할 사람은 거의 없다.

글래서 박사는 또 이렇게 말한다. "물론 콜린스는 어떤 성경 본문의 증거를 불러오는 일과 관련된 문제는 없다고 주장한다. 비록 그는 자신은 오류가 있지만 그럼에도 불구하고 성경을 무오하게 사용하기 때문에 그 증거는 적어도 권위가 떨어지지 않는다…우리는 타락에 의해서 큰 허물을 가지게 되었기 때문에 이러한 성경주석과 해석을 할 때에 우리를 인도해주실 성령의 조명을 대단히 필요로 하게 된다." 나는 이러한 마지막 문장에 동의한다. 그러나 내가 "어떤 성경의 본문에 대한 증거를 불러오는 일에 있어서 문제가 없다"고 보았다거나 내가 성경을 무오하게 해석한다고 주장한다는 말은 사실이 아니다. 해석학은 어렵고도 중요한 분야다. 확실히 어떤 사람도 성경을 무오하게 이해하거나 적용할 수는 없다.

나는, "객관적이고 조직적인 연구방법에 대하여 훈련받고 그것에 헌신하고 있는 심리학자들은 성경의 자료에 대한 조사를 다룰 때 흔히 그러한 자세를 포기할 것이라고 썼던 학생의 견해에 동의한다. 그들은 흔히 주관주의, 인정받지 못한 편견, 일관성 없는 방법론, 그리고 자료의 선택적 사용등으로 판도라의 상자를 연다—그것들은 어느것도 그들이 과학자로서 눈감아 줄 수 있는 것들이 아니다. 위에서 말한 오류를 범하지 않기 위하여 연구가들은 성경해석학을 단순히 아는 것이 아니라 그것에 숙달되어야 한다"(Bixler, 1978)라고 썼던 학생의 견해에 동의한다. 성경 해석학의 좋은 원리를 이해하고 적용하는 일이 우리가 무오하게 성경을 해석하는 일을 보장해 주지는 못한다. 그러나 그것은 우리가 성경을 좋은 해석학적 원리로 해석하지 못할 때 우리로 하여금 너무 쉽게 실수하지 않도록 보호해준다.

앞장에서 맬러니는 "성경은…그 원리를 본문에 의해서 가져오려고 애쓰지 않는다. 성경 본문은 단지 경험적인 자료이며 그리스도인은 하나님과의 만남을 통하여 '진실한' 진리를 체험하도록 부름받았다. 단지 성경에 나타나신 예수님과의 실존적인 만남을 통하여 그리스도인은 성경의 권위 안으로 들어가기 시작하는 것이다."라고 썼다. 나에게 있어서 이것은 사건과 경험들 안에 위치해 있는 계시들은 보지만 성경의 말씀안에 있는 계시는 보지못하는 인기있는 신학적 견해처럼 들린다. 그러한 견해는 개인적인 경험을 성경의 권위보다 더 높게 평가한다.

이러한 주제에 대하여 지각있는 논평을 하는 가운데 토마스 오덴은 다음과 같이 기록했다. 목회적으로 돌보는 일에 있어서

> 신학적인 지식의 권위에 대한 압도적인 비중이 경험에 주어지고, 이러한 의미에서 미국에서의 목회적으로 돌보아주는 운동은 본질적으로 진보적이고 실용주의적이며 경건주의적인 전통에 속한 것이다. 어떤 사람은 일을 하면서, 양떼를 돌보는 것처럼, 어떤 유대관계를 경험한다. 그리고 단지 그때에만 타당한 신학적인 결론을 끌어 낸다 …비록 우리가 목회적인 돌봄에 있어서의 면담을 통한 분석의 타당성에 대하여 도전하고자 할 수는 없지만, 우리는 이것이, 지속되는 성경 연구와 전통, 합리성을 위한 투쟁, 그리고 조직적인 자기 일관성으로부터 나오는 신학적인 균형없이도 신학적인 결론을 끌어내려는 유리점으로서 적당한 것인지 아닌지에 대하여 의문을 품게 된다 (1967, pp. 89, 90).

성경에 대한 그러한 지속적인 연구는 "예수님과의 실존적인 만남을 이루는 일"보다는 성경이 언어적으로 말하는 것에 의존해야 한다. 성경은 통합 과정에서 정확하게 해석되어야 한다. 그러나 정확한 해석이란 무엇을 의미하는가에 대해서는 분명히 의견의 불일치가 존재한다.

신학과 통합

사람이 심리학과 신학의 통합에 관한 일을 하면서도 현대신학을 무시하는 일이 가능한가? 어떤 조사자에 의하면, 내게는 "복음주의의 좁은 틀 안에 머물며, 심리학과 신학사이의 복잡한 관계에 대하여 개신교의 주류에서 지난 50년 동안에 나타난 문헌에 대하여

알지 못하고 있는 것 같은" 경향이 있었다는 것이다(람보, 1977). 비록 내가 신학적인 문헌들에 대하여 알려고 노력해왔고, 통합에 대한 어떤 완전한 논의가 되려면 신학적인 다양성이 고려되어야 한다는 점에 동의하고 있다고 할지라도 이러한 것은 좋은 경고가 된다. 그러나 나의 저서에서 나는 스스로를 심리학과 복음적인 신학 속에 제한시키려고 노력해왔다. 안톤 보이센의 시대와 그 이전 시대 이래로 이러한 분야에서 글을 써왔던 다른 사람들에 의하여 이루어진 일은 아무것도 없다고 주장할 방법은 없다.

나에게 있어서 신학 영역에서의 큰 관심 중의 하나는, 나의 일이 심리학을 완전히 신학적인 계획 안으로 끌어 당기는 일이라고 하는 것이다. 심리학을 사회 과학의 공동체로부터 제거하여 신학의 틀 속으로 옮겨 가는 일은 양쪽 모두에게 유익하지는 않을 것이다. 나는 심리학이 신학에 의하여 삼켜지는 것을 보고 싶은 마음이 없다 (한 가지 이유는 그것이 나를 실업자로 만들것이기 때문이다). 그러나 나는 심리학은 그것이 세워져 있는 철학적이고 신학적인 기초를 인식해야 한다고 생각한다. 비슷한 방법으로 신학은 심리학적인 차원과 그 학문이 함축하는 내용들을 인정해야 한다. 맬러니는 두 분야사이의 경계선에 서 있는 일은 쉽지 않다고 말한 점에 있어서 옳다. 그러나 만일 어떤 사람이 그렇게 하지 않는다면 심리학이 철학과 신학 속으로 미묘하게 이끌려 들어갈 위험성이 있거나, 혹은 철학이 단지 심리학적인 체계에 지나지 않게 될 위험이 있다.

통합자는 신학과 심리학에 대하여 잘 알고 있어야 한다. 매우 오래 동안 통합은 심리학의 관심거리가 되어 왔지만 신학자들의 관심의 대상이 되지는 못했다. 성경과 신학에 대한 교육이 결여된 심리학자가 심리학과 신학을 통합하려고 할 때, 그들은 사회과학분야에서 어떤 일이 일이 일어나고 있는지를 실제로 잘 이해하지 못하는 복음주의자들의 저서나 그들이 세미나에서 내린 결론에서 최근에 우리가 보아왔던 것과 비슷하게 단순화 시키는 것과 지나치게 일반화 시키는 위험에 빠지게 된다. 통합의 임무는 양쪽 다에 능한 사람들에 의해서 수행되는 것이 이상적이다. 아마도 서로를 존경하며 인간의 행동을 이해하고, 사람의 변화를 도와주는 일과 심리학의 통찰을 교회의 섬기는 일들에 도입하는 일에 관심을 공유하고 있는 사회 과학자와 신학자들에 의해서 수행되는 것이 더욱 바람직하다.

문화와 통합

수년 간 나는 해외 여행을 할 수 있는 특권을 누릴 기회가 있었는데 여행을 하는 동안에 나는 문화적인 차이들을 인식하는 법을 배우게 되었다. 나는 그러한 문화적 차이점들을 나의 저서와 내가 방문하는 나라들의 청중들에게 연설을 통해서 알리려고 노력해왔다.

그러므로 나는 나의 통합에 관한 견해에서 문화적인 차이점들을 무시해 왔다는 강평에 크게 동의하면서도 다소 애석한 마음이 든다. 물론 인간이 사회 문화적, 민족 심리학적 상황 속에서 일을 한다는 것은 사실이다. 수년전 프로이드는 인간의 행동은 문화적인 특색을 나타낸다는 점을 잊고, 말리노프스키와 문화석인 차이섬에 대해 더 조심성이 있는 다른 사람들에 의해서 강하게 정죄되었던 어떤 결론에 도달하게 되었다. 과거에 나는 심리학자와 연사들이 인식하고 옹호하려는 것보다 훨씬 더 문화에 속박된 현재의 '우주적인' 심리학적 법칙과 '성경적인 원리들'을 나타내려고 시도하는 심리학자와 심리학을 대중화 시키는 사람들에 대하여 비판적이었다. 나는 비슷한 잘못을 범하지 않아야 한다.

사회학자가 이 책의 처음 석장을 읽었다면 그는 아마도 세 명의 연사가 최근의 심리학회에서 보였던 것과 같은 반응을 나타낼 것이다. 「심리학의 재건」(콜린스, 1977)에 대해서 서술한다면 그들은 이렇게 썼다.

> 콜린스는 인간행동의 사회적인 차원에 대하여 언급한다…우리가 받은 그림은 외부 사회에 의해서 영향을 받은 자율적인 개인들의 것이다. 우리는 사회가…영향 이상이며…개인과 사회는 뒤죽박죽으로 뒤섞여 있다…
> 콜린스는 사회적인 차원을 충분히 강조하는 일에 태만하고 우리가 살고 있는 사회의 영향력을 분명히 과소평가하고 있다. 사회적인 문제가 무시될 때, 소위, 개인적인 불안정, 현재와 미래 문제등 인간의 실제적인 문제를 주변의 문제로 생각하고 무시하게 될 때, 인간성의 억압에 대하여 직접적인 책임이 있는 비인간화 되어가는 대중사회의 충격에 주의가 기울여지지 않는다. 조직적인 사회 비평의 결여는 확산되어 가는 이데올로기를 수동적으로 수용하는 결과를 낳는다. 콜린스는 인간의 비인간화에 대한 비평가로 알려져 있다. 그러나 그의 개인을 초월한 사회분석의 결핍은 그로 하여금, 인간이 비인간화를 촉진시키는 매우 사회적인 실체를 받아들이는 불안정한 위치에 서게 한다(듀크外, 1978, p. 7, 8).

이것은 내가 읽고 싶지는 않은 말이다. 그렇지만 그들의 견해는 상당히 타당성이 있다. 그리고 나는 미래에, 통합 그리고 인간의 행동을 이해하고 사람을 변화 시키는 일을 도와주는 심리학적인 임무

모두에 있어서 문화적이고 사회적인 면들에 더욱 민감해지기를 원하고 있다.

통합에 대한 어떤 질문들

심리학과 신학의 특징은 성장하는 분야이며, 특히 복음주의자들 사이에서 더욱 그러하다. 그림 11에 요약되어 있는 INDEX 접근법은 현재의 어떤 통합 노력을 조직화하려는 창조적인 시도다. 그러나 이러한 영역에서의 작업들이 계속되려면 몇 가지의 기본적인 질문들에 대하여 해답이 제공되어야 한다.

누가 통합할 것인가?

최선의 통합은 역시 헌신된 그리스도인이고 분별력 있는 신학자이기도 한 훈련받은 심리학자에 의하여 이루어질 것이라고 주장되어 왔다. 그러한 심리학자는 정확한 해답을 찾기 위하여 성경적이고 신학적인 통찰을 필요로 한다. 그리고 그는 해답에 대한 함축적 의미를 대면할 수 있는 정직성과 헌신을 필요로 한다. 이것이 불가능하다면 통합 추진자는 최소한 심리학과 신학에 대하여 충분한 지식을 가져야 하며, 지적인 연습으로서 뿐만 아니라 그의 생애의 한 부분으로서 통합문제에 헌신되어야 한다. 그리스도인에게 있어서 사람을 도와주는 일은 심리학적으로 자라게 하고 영적으로 너무나 중대한 사명이기 때문에 가볍게 맡거나 상아탑 속의 토론으로 돌려보낼 수는 없다.

통합은 이론적인가 실제적인가?

앞의 문단에서 나는 맬러니의 ALaBaMa 접근법에 대해서 거의 언급하지 않았다. 그 이유는 그것이 제대로 평가되지 않아서가 아니라(실지로 그는 의미있는 말을 많이 하였다), 심리학과 신학의 통합에 대한 설명이라기보다는 심리치료 이론에 대한 주장이기 때문이다. 통합이 지적인 연습 이상의 것임은 확실하다. 기독교 신앙과 심리치료 기술의 노련한 응용의 실제적인 연관성은 통합에 있어서 기초적인 것이다.

그러나 나는 우리가 실제로 상담자와 심리 치료자를 대조할 수 있는지 궁금하게 생각한다. 맬러니에 따르면 "상담자들은 분위기를 만들고 나서 어떤 일이 일어나기를 기다린다. 심리 치료사들은 역시 분위기를 만들지만 그들의 사람 다루기 모델(model of manipulation)에 의해 일들이 일어나게 한다"고 한다. 나는 많은 전문가들이 이러한 구별에 동의할지 의심스럽다. 최소한의 훈련을 받은 평신도 상담자들을 포함한 많은 상담자들이 그들이 응용하는, 사람 다루기 모델을 가지고 있는데 때로는 이것이 피상담자에게 유익하기도 하고 때로는 해롭기도 하다. 나는 그러한 심리치료를 상담보다 우위에 놓고 높고 강력한 수준의 것으로까지 평가하는 견해에 대하여 불안한 마음을 가진다. 이것은 이론적으로는 좋게 들리는 인위적인 구별이지만 실제에 있어서는 지원받기 힘들다.

누가 통합에 관심을 가지는가?

기독교는, 기독교 신학을 거의 필요로 하지 않거나 그것에 대하여 관심을 가지고 있지 않는 세속적인 천년왕국에 존재하고 있다고 주장되어 왔다. 기독교 심리학자들은 통합에 대하여 강한 관심을 가져왔고, 그들의 일에 대한 기독교 철학적인 기초의 중요성의 진가를 인정할 수 있다.

미래에 있어서 통합은 주로 기독교 심리학자들과 관련있게 될 것이다. 만일 불신자가 이러한 주제에 대하여 관심을 가지게 되면 종교적인 행동, 가치관, 그리고 신앙들에 대한 철학적인 설명에 관심을 가지게 될 것이다. 이것은 그 자체가 가치있는 연구 주제이지만, 통합의 주제를 연구하는 일의 중요성을 볼 수 있는 심리학자들이 항상 있는 것은 아니다. 왜 통합이 중요하며 또 요구되는가를 직접적으로 설명하기 위해서는 더욱 주의가 요망된다.

우리는 무엇을 통합하는가?

통합 과정에서 때때로, 우리 각자는 우리가 무엇을 통합하고 있는가에 대하여 자문해 보아야 한다. 신학과 심리학은 복잡한 분야이며 각각은 복잡한 가정들, 변화하는 자료, 그리고 뜨거운 논쟁을 불러일으킬 주제들로 가득차 있다. 어느 분야도 통일되고 안정되어 있지 않다. 물론 이것은 우리의 임무를 더욱 어렵게 만들고, 어떤 사람들로 하여금 통합이 가능한 것인가(카터와 내래모어, 1979를 보라) 심지어는 바람직한 것인가에 대하여 의문을 가지게 할 수도 있다.

파스코우(1980)는 심리학의 "철학적인 토대"를 고려함으로써, 또 "심리학적인 사상과 기독교적인 사상의 통합관계의 골격을 제공하게될 기독교적인 세계관"을 수립하려고 시도함으로써 이러한 복잡한 문제를 다루고 있다. 이러한 점을 고려해볼 때 파스코의 저술은 콜린스(1977), 서덜랜드와 포엘스트라(1979), 마이어(1978), 코스그로우브(1979), 라젤레(1980) 그리고 베르다이머(1972)의 저술과 비슷하다. 베르다이머의 책은 통합을 진지하게 연구하는 사람에게는 매우 유익하게 읽혀질 수 있는 책이다. 이러한 저술들은 통합추진자들이 고려해야할 적어도 세가지의 중요한 점들을 제기한다.

첫째, 거기에는 실제적인 맹점이 있다. 심리학과 신학은 둘 다 그것을 가지고 있다. 그리고 이러한 일을 하며 이러한 연구와 관련을 맺고 있는 우리들도 그러하다. 성경적인 자료를 연구하는 일에는 특별한 배려가 있어야 한다. 우리가 성경을 진실한 하나님의 말씀으로 받아들일 때, 때때로 우리는 우리의 해석들을 동등하게 무오한 것으로 생각한다. 크래프트(1970)는 이러한 점을 간결하게 표현했다. 그는 우리는 "인간에 의해 이루어진 것들과 모든 학문적인 연구로부터 나온 오류들을 재인식해야 한다. 비록 우리가 신학자들이 가지고 일하는 성경적인 자료가 다른 학문에 의해서 평범하게 다루어지는 자료보다도 더욱 신성하다고 주장할지라도, 다른 어떤 학문보다도 우위에 있는 '과학의 여왕'(신학)이 본질적으로 우월한 것은 아니다"(p. 170)라고 썼다. 선택적 지각(그리고 선택적 부주의)에 대한 심리학적인 결론들은 통합 분야에 있어서 비록 전부는 아니라 해도 우리들 대부분에게 적용된다.

둘째, 거기에는 변증학에 있어서의 계속되는 작업이 필요하다. 근본적인 전제들에 주의를 해야만 한다는 점은 널리 동의하는 일이다. 그러나 왜 우리는 우리가 가정하는 것들을 받아들여야 할까? 어떤 출발점들은 다른 것들보다도 훨씬 더 타당성이 있고 논리적이며 그럴듯하지 않은가? 예를 들어 왜 우리는 심리학을 실체에 대한 성경의 견해와 통합시켜야 할까? 왜 사람은 초자연에 대한 입장 혹은 그리스도의 실체를 받아들여야 하는가?

변증학은 다른 심리학자들보다 전문가들의 일이라고 주장될 수 있다. 사회과학자들은 변증학에 있어서 전문가라고 말해지지 않는다. 그래서 우리는 다른 사람들의 업적 위에 세워 나가야 한다. 그러나 분명히 통합 추진자들은 적어도 기독교 신앙에 대한 이유에 대하여 잘 알고 있어야만 한다.

프로이드, 엘리스, 스키너, 그리고 일단의 다른 사람들은 심리학적인 근거로 기독교를 공격해왔다. 그들의 공격에 심리학적인 건전성과 신학적-변증학적인 인식을 가지고 체계적으로 응수한 경우는 거의 없는 것같다. 우리의 전제들과 인식론에 대한 건전한 합리성을 제공해주기 위해 이루어진 일은 거의 없다.

통합의 영역에서 아마도 우리는 성경에 기초를 두고 있고 심리학적인 자료와 비평에 민감한 "심리학적 변증적"인 것을 필요로 한다. 그러한 일들이 통합에 있어서 크게 도움이 될 것이다.

마지막으로 우리는 실제적으로 관련성있는 주제들에 대하여 계속적으로 연구해야 할 필요가 있다. 얼마나 자주 우리는 혼돈된 가운데 학술 논문을 마무리하고 있는가: 이것은 읽기에는 재미있고 자극적이지만 그래서 어쨌다는 것인가? 그것은 어떤 실제적인 가치가 있는가?

순수과학과 응용과학의 주제는 수십년 간, 어쩌면 수세기 동안 논의되어 왔다. 그리고 그것은 지금도 해결되지 않은 듯하다. 그러나 나는 기독교인들은 항상 실제적인 일에 관심을 가져야 한다고 주장한다. 예수님은 종교 지도자들과 토론하셨고, 신학적인 진리들을 말씀하셨으며, 그의 지적인 능력을 보여주셨다. 그러나 주님은 계속해서 도움을 필요로 하는 사람들에게 도움을 베푸셨으며, 그의 삶과 사역은 매우 실제적인 목표가 있었다. 심리학과 신학의 통합은 자극적인 지적 훈련이 될 수 있다. 그러나 궁극적으로 우리의 통합 노력은 다른 사람을 도우고 그들의 필요를 충족시켜 주는 능력을 개선시켜야만 하는 것이다.

미래를 위한 몇 가지 제안들

최근 발간된 책에서, 카터와 내래모어(1979)는 우리는 여전히 통합을 향하여 더 멀리 나아가야 할 것이라고 강조하면서 다음과 같이 썼다:

심리학과 신학의 통합을 위한 지나간 거의 모든 노력은 아래와 같은 결함들 중 한가지 혹은 이상으로 인하여 어려움을 겪는다.

1. 그러한 노력들은 단편적이거나, 통합문제에 대해 성경에 의해 검증된 접근법에 기초하는 경향이 있고, 결과적으로는 이해가 결핍되어 있다.
2. 그들은 심리학적으로나 신학적으로나 학문적 세련성이 결핍되어 있다.
3. 그들은 성경의 자료들을 심리학 속으로 억지로 끌어들이려고 하거나, 반대로 심리학적 자료들을 성경 속으로 끌어 들이려고 시

도함으로써, 두 영역에서의 연구에 적절하지 못한 방법을 사용 한다.
4. 그들은 인간 존재에 대하여 잘 정의된 견해를 갖고 있지 못하다.
5. 그들은 분명하게 정의된 신학적이고 철학적인 토대를 갖고 있지 못하다.
6. 그들은 객관적이고 과학적인 자료를 갖고 있지 못하다.
7. 그들은 인격에 대하여 잘 정리된 이론을 갖고 있지 못하다.
8. 그들은 인간의 존재와 부적응에 대하여 통찰력이 있는 견해로부터 나온 상담 이론을 갖고 있지 못하다.

이러한 약점들은, 성경적으로 모순이 없고 심리학적으로 "정확"하며, 개념적이고 실제적인 수준에서 의미심장하게 통합된 저서들의 기근을 초래했다.

이러한 약점들이 극복될 때까지는 심리학에 대하여 조직적이고 포괄적인 기독교적 관점을 갖게 되는 일이 불가능할 것이다. 그리고 두 가지 영역 모두에 유익을 주는 의미있는 방법으로 심리학과 성경의 자료들을 통합하는 일도 불가능할 것이다(p. 30).

위에 인용된 8가지 약점들은 역시 미래의 작업들을 위한 공식이 될 수도 있다. 우리는 이러한 약점들을 제거하기 위하여 일을 해야만 한다. 덧붙여서 우리는 여러 가지 다른 수준 ; 여러가지 이론, 결론, 그리고 개인적인 접근법 ; 다른 가설 ; 그리고 여러가지 방법이 우리의 실제적인 통합작업에 있을 수 있다는 것을 인식해야 한다. 나는 사회학, 인류학, 생물학, 그리고 철학과 같은 학문들로부터 입력된 가치들을 재인식하는 일이 역시 있어야 한다고 생각한다. 복음적인 통합추진자들은 목회상담과 목회심리학 분야에서의 발전을 무시해서는 안된다. 우리는 종교 심리학, 종교적인 체험에 대한 연구, 그리고 종교에 대한 과학적인 연구에 있어서의 발전되고 있는 주제들에 대하여 민감해야 한다.

 분명히 심리학과 신학의 통합은 한 사람의 노력만으로는 이루어질 수 없는 것이다. 다르게 강조되는 영역과 다른 연구의 중심이 계속적으로 있게 될 것이다. 앞으로 십년 간 우리는 아직 초기 단계에 있지만 급성장의 조짐을 보이고 있는 분야에서 훈련받고 있는 사람들을 위하여 부차적인 중심점들을 확실히 발전 시켜야만 한다. 만일 현재가 미래의 어떤 지표가 된다면 통합기술의 상태는 통합기술의 계속되는 확장으로 말미암아 1990년대와 2000년대에는 더욱 분석하기가 어려워질 것이다. 아마도 우리는 미래를 위하여 매우 유용하게될 새로운 학문의 발전으로 향하는 문턱에 서있는지도 모른다.

 이 책의 서두에서 나 자신에게 있어서의 첫 번째 심리학과 신학의 만남 - 주립병원을 방문해서 한 주간을 보내도록 요구받았던 신입생으로서의 - 에 대해서 기술했다. 그 초기 시절에 나의 관심을 끌었던 몇 가지 의문점은 여전히 지속되고 있고 해답을 찾지 못했다. 그러나 오늘날 많은 유능한 사람들이 통합 주제에 대하여 연구하고 있으며 발전이 이미 명백히 보이고 있다. 나에게 있어서 이 책은 고무적이면서도 가슴을 뛰게 만드는 책이다.

참고문헌

Adams, J. *The Christian Counselor's Manual.* Grand Rapids: Baker Book House, 1973.

―――. *Competent to Counsel.* Grand Rapids: Baker Book House, 1970.

Allport, G. W. *The Individual and His Religion.* New York: The Macmillan Co., 1950.

Barber, C. J., Colwell, W. E., and Strauss, G. H. "Psychological wholeness and the needs of man." *Journal of Psychology and Theology,* 4, 1975, pp. 258-67.

Bube, R. H. *The Human Quest: A New Look at Science and Christian Faith.* Waco, TX: Word Books, 1971.

Bixler, W. "The role of hermeneutics in the integration of psychology and theology." Unpublished paper. Fuller Theological Seminary, Pasadena, CA, 1978.

Caplan, G. *Principles of Preventive Psychiatry.* New York: Basic Books, 1964.

Carkhuff, R. R. *Helping and Human Relations L Vol.* I and II. New York: Holt, Rinehart & Winston, 1969.

_____. "Differential functioning of lay and professional helpers." *Journal of Counseling Psychology*, 15, 1968, 117-28.

Carnell, E. J. *An Introduction of Christian Apologetics.* Grand Rapids: Eerdmans Publishing Co., 1948.

Carter, J. D. "Secular and sacred models of psychology and religion." *Journal of Psychology and Theology*, 5, Summer 1977, pp. 197-208.

Carter, J. D. and Mohline, R. J. *Journal of Psychology and Theology*, 4, 1976, pp. 3-14.

Carter, J. D. and Narramore, B. *The Integration of Psychology and Theology; An Introduction.* Grand Rapids: Zondervan Publishing House, 1979.

Clinebell, H. J., Jr. *The Mental Health Ministry of the Local Church.* New York: Abingdon Press, 1965.

_____. *Basic Types of Pastoral Counseling*: Nashville: Abingdon Press, 1966.

Collins, G. R. *Effective Counseling.* Carol Stream: Creation House, 1972.

_____. *The Christian Psychology of Paul Tournier*, Grand Rapids: Baker Book House, 1973.

_____. *How to Be a People Helper.* Santa Ana, CA: Vision

House, 1976a.
___. *People Helper Growthbook.* Santa Ana, CA: Vision House, 1976b.
___. *The Rebuilding of Psychology: An Integration of Psychology and Christianity.* Wheaton: Tyndale, 1977.
___. "Integrating psychology and theology: Some reflections on the state of the art." *Journal of Psychology and Theology,* 8, 1980, pp. 72−9.
Cox, H. "Eastern cults and western culture. Why young Americans are buying Oriental religion." *Psychology Today,* 11, July 1977, pp. 36−42.
Crabb, L. J., Jr. *Basic Principles of Biblical Counseling.* Grand Rapids: Zondervan Publishing House, 1975.
___. *Effective Biblical Counseling.* Grand Rapids: Zondervan Publishing House, 1977.
Crane, W. E. *Where God Comes In: The Divine "Plus" in Counseling.* Waco, TX: Word Books, 1970.
Danish, S. J. *Helping Skills: A−Basic Training Program.* New York: Behavioral Publications, 1973.
Doran, C. Response to the Finch Lectures, Unpublished paper. Fuller Theological Seminary, Pasadena, CA, 1978.
Drakeford, J. W. *Counseling for Church Leaders.* Nashville: Broadman Press, 1961.
___. *Integrity Therapy.* Nashville: Broadman Press, 1967.
Dueck, A., Genich, K. and Higgins, P. "Models of

integration: A critique of Jeeves and Collins." Paper presented at Convention of Christian Association for Psychological Studies, Chicago, April 14, 1978.

Egan, G. *The Skilled Helper: A Model for Systematic Helping and Interpersonal Relating.* Monterey, CA: Brooks Cole, 1975.

Farnsworth, K. E. "Embodied integration." *Journal of Psychology and Theology,* 2, 1974, pp. 116−24.

_____. "Models for the integration of psychology and theology." Paper presented at the Annual Meeting of the American Scientific Affiliation, Wheaton College, Wheaton, Illinois, August 20−23, 1976.

Frankl, V. E. *The Unconscious God.* New York: Simon & Schuster, 1975.

Freud, S. *The Future of an Illusion.* Garden City, NY: Doubleday & Co., 1927.

_____. *Moses and Monotheism.* New York: Random House, 1939.

_____. *Totem and Taboo.* London: Routledge & Kegan Paul, 1913.

_____. "A religious experience"(1928). In *Collected papers,* 5, New York: Basic Books, 1959, pp. 243−46.

Fromm, E. *Man for Himself.* New York: Holt, Rinehart, & Winston, 1947.

_____. *Psychoanalyisis and Religion.* New York: Bantam Books, 1950.

_____. *You Shall Be As Gods: A Radical Interpretation of the Old Testament and Its Tradition.* New York: Hort, Rinehart & Winston, 1966.

Gartner, A. and Riessman, F. *Self Help in the Human Services.* San Francisco: Jossey−Bass, 1977.

Gilkey, L. *Naming the Whirlwind: The Renewal of God−language.* Indianapolis: Bobbs−Merrill, 1969.

Glasser, A. "Integration is impossible if God speaks with two voices." Mimeographed, Fuller Theological Seminary Pasadena, CA, 1978.

Greeley, A. M. "Popular psychology and the gospel." *Theolgoy Today,* 33, 1976, pp. 224−31.

Havens, J. *Psycholgoy and Religion: A Contemporary Dialogue.* Princeton, NJ: Van Nostrand Reinhold Co., 1968.

Havens, J. "The participant's vs. the observer's frame of reference in the psychological study of religion." In H. N. Malony(ed.) *Current Perspectives in the Psychology of Religion.* Grand Rapids: Eerdmans, 1977, pp. 101−5.(Reprinted from the *Journal for the Scientific Study of Religion,* 1, 1961.)

Henninger, D. "Self−Help Books as Spiritual Counselors." *Wall Street Journal,* 1977.

Hilter, S. *The Counselor in Counseling.* New York: Abingdon Press, 1950.

_____. *Preface to Pastoral Theology.* Nashville: Abingdon

Press, 1958.
Homans, P. Introduction in P. Homans (ed.), *The Dialogue Between Theology and Psychology*. The University of Chicago Press, 1968, pp. 1−10.
Howe, R. *The Miracle of Dialogue*. New York: The Seabury Press, 1963.
Jeeves, M. A. *Psychology and Christianity: The View Both Ways*. Downers Grove, IL: Inter Varsity, 1976.
Joint Commission on Mental Illness and Health. *Action for Mental Health*. New York: Science Editions, 1961.
Jung, C. G. *Psychology and Religion*. New Haven: Yale University Press, 1938.
Katz, A. H. and Bener, E. I.(eds.) *The Strength In Us: Self Help Groups in the Modern World*. New York: New Vewpoints, 1976.
Kraft, C. "Can anthropological insight assist evangelical theology?" *Christian Scholars' Review*, 7, 1977, pp. 165−202.
La Haye, T. *How to Win Over Depression*. Grand Rapids: Zondervan Publishing House, 1974.
Larsen, B. *The Rational Revolution*. Waco, TX: Word Books, 1976.
Larzelere, R. E. "The task ahead: Six levels of integration of Christianity and psychology." *Journal of Psycholgoy and Theology*, 1980.
Lewis, C. S. *Miracles*. London: Collins Fontana Books,

1947.

Lieberman, M. A. and Borman, L. D.(eds.) Special Issue: "Self Help Groups." *Journal of Applied Behavioral Science*, 12, 1976.

Lindsell, H. *The Battle for the Bible*. Grand Rapids: Zondervan Publishing House, 1976.

Lloyd-Jones, D. *Conversions: Psychological and Spiritual*. Downers Grove, IL: Inter Varsity, 1959.

Malony, H. N. "Psychotherapy: Where the rubber hits the road." Mimeographed, Fuller Theological Seminary, Pasadena, CA, 1978.

McQuilkin, J. R. "The behavioral sciences under the authority of Scripture." Paper presented at Evangelical Theological Society, Jackson, MS, December 30, 1975.

Meehl, P., et al. *What, Then, Is Man? A Symposium of Theology, Psychology, and Psychiatry*. St. Louis: Concordia Publishing House, 1958.

Montgomery, J. W.(ed.) *Demon Possession*. Minneapolis: Bethany Fellowship, 1976.

Mowrer, O. H. *The Crisis in Psychiatry and Religion*. Princeton: Van Nostrand Reinhold Co., 1961.

_____. "What is normal behavior?" In *Introductin to Clinical Psychology*. E. A. Berg and L. A. Pennington (eds.). New York: Ronald Press, 1954, pp. 58-88.

Myers, D. G. *The Human Puzzle: Psychological Research and*

Christian Belief. New York: Harper & Row, 1978.
Narramore, B. "Perspectives on the integration of psychology and theology." *Journal of Psychology and Theology,* 1, 1973, pp. 3−18.
Oates, W. E. *The Psychology of Religion.* Waco, TX: Word Books, 1973.
Oden, T. *Contemporary Theology and Psychotherapy.* Philadelphia: Westminster Press, 1967.
Pascoe, J. P. "An integrative approach to psychological and Christian thought based on a Christian world view." *Journal of Psychology and Theology,* 8, 1980, pp. 12−26.
Perri, M. G. and Richards, C. S. "An investigation of naturally occurring episodes of self−controlled behaviors." *Journal of Counseling Psychology,* 24, 1977, pp. 178−83.
Rambo, L. "Evangelical psychology." *The Christian Century,* December 28, 1977, pp. 1229−30.
Rogers, W. R. "The dynamics of psychology and religion: Teaching in a dialogical field." Paper presented at the Society for the Scientific Study of Religion, Chicago, October, 1977.
Salk, J. *The Survival of the Wisest.* New York: Harper & Row, 1973.
Sall, M. J. *Faith, Psychology and Christian Maturity.* Grand Rapids: Zondervan Publishing House, 1975.

Sargant, W. *Battle for the Mind.* London: Pan Books, 1957.
_____. *The Mind Possessed: A Physiology of Possession, Mysticism and Faith Healing.* Philadelphia: J. B. Lippincott Co., 1974.
Schaper, R. N. "Complementarity and integration." Mimeographed, Fuller Theological Seminary, Pasadena, CA, 1978.
Selye, H. *Stress Without Distress.* Philadelphia: J. B. Lippincott Co., 1974.
Skinner, B. F. *Beyond Freedom and Dignity.* New York: Alfred A. Knopf, 1971.
_____. *Science and Human Behavior.* New York: The Free Press, 1953.
_____. *Walden Two.* New York: The Macmillan Co., 1948.
Smith, C. R. "What part hath psychology in theology?" *Journal of Psychology and Theology,* 3, Fall 1975, pp. 272–76.
Stackhouse, Max L. "On the boundary of psychology and theology." Paper presented at the Northeast Regional Convention of the Association of Clinical Pastoral Educators Waltham, MA, July 19–20, 1974.
Sutherland, P. and Poelstra, P. "Aspects of integration." Mimeographed, Biola College, La Mirada, CA, 1979.
Thielicke, H. *The Evangelical Faith.*(Vol. I). Grand Rapids: Eerdmans Publishing Co., 1974.

Tillich, P. *Systematic Theology.*(Vol. Ⅰ). University of Chicago Press, 1951.

Tournier, P. *A Place for You.* New York: Harper & Row, 1968.

_____. *To Resist or To Surrender.* Richmond: John Knox Press, 1964.

Van Leeuwen, M. S. "The view from the lion's den: Integrating psychology and Christianity in the secular university classroom." *Christian Scholar's Review*, vol. 5, 1976, pp. 364–73.

Vitz, P. C. *Psychology As Religion: The Cult of Self-Worship.* Grand Rapids: Eerdmans Publishing Co., 1977.

Weber, T. "Coincidence of opposites: The meeting of psychology and theology." Mimeographed, Fuller Theological Seminary, Pasadena, CA., 1978.

Westberg, G. E. and Draper, E. *Community Psychiatry and the Clergyman.* Springfield, IL: Charles C. Thomas, Publisher, 1966.

Whitlock, G. E. *Preventive Psychology and the Church.* Philadelphia: Westminster Press, 1973.

각주

제 1 장
1) 이것은 이스라엘 백성들이 출애굽할 때 애굽인들로부터 필요한 것들을 빼앗아 가지고 나온데서 붙여진 표현법이다.*역자주.
2) 로렌스 크랩의 Effective Biblical Counseling(The Zondervan Corporation, 1977)에서 인용.

제 2 장

제 3 장

제 4 장
1) 이 장은 콜린스의 강의에 대한 선교인류학자, 목회신학자, 임상심리학자, 그리고 대학원생들의 반응을 포함하고 있다.
2) 이러한 견해는 아더 F. 글래서의 "Integration Is Impossible If God Speak With Two Voices"로부터 나온 생각과 인용문들을 포함하고 있다.
3) 이러한 견해들은 Robert N. Schaper의 "Complementarity and integration"와 *Timothy Weber*의 "*Coincidence of Opposites: the Meeting of Psychology and Theology.*"에 나타난 사상들과 그로부터의 인용문을 포함하고 있다.
4) 이러한 견해는 티머니 웨버의 "Coincidence of Opposites: The Meeting of Psychology and Theology"에 나타난 그의 사상과 그로부터의 인용문들을 포함하고 있다.
5) 이러한 견해는 H. 뉴턴 멜러니의 "Psychotherapy: Where the Rubber Hits the Road"라는 글을 압축한 것이다.

제 5 장

1) 콘스탄스 도란이 핀치 강의(Finch Lectures)에 대한 반응으로 나타낸 미출간된 글로부터 인용한 것이다.
2) 아더 글래서의 "Integration Is Impossible If God Speaks with Two Voices"로부터 인용.

심리학과 신학의 통합전망

- 2008년 1월 30일 4쇄 발행
- 지 은 이 : 게리콜린스
- 옮 긴 이 : 이종일
- 펴 낸 이 : 박영호
- 펴 낸 곳 : 도서출판 솔로몬
- 등록번호 : 제16-24호
- 등 록 일 : 1990년 7월 31일
- 주　　소 : 서울 동작구 사당3동 207-3 신주빌딩 1층
- 전　　화 : 599-1482/ FAX : 592-2104

잘못된 책은 바꿔 드립니다.

ISBN 89-8255-224-3